JN096504

Ballet Core

ブレない体で、しなやかに美しく
キレのある踊りになる!

バレエ体幹
ハンドブック

バレエダンサーさんの治療院 主宰
専心良治 院長
島田智史

東洋出版

はじめに

 ## 動きながら使える「体幹」を育てよう

「体重を感じさせないジャンプや着地」「軽やかでエレガントな立ち居振る舞い」「人間技とは思えないポワントワーク」…。バレエをしている人なら誰もが憧れ、目指すところでしょう。

これらの動きは、重力に逆らい、体のすみずみまでコントロールしながら動き続けることで生み出されるものです。

そのためには、何が必要か。

それは、体幹です。中でも、腹筋のコアマッスルを使うことは欠かせません。

腹筋が大事だということは、拙著『バレエ筋肉ハンドブック』の中でも、東洋医学や整体的な観点に、腹筋の解剖学的な仕組みなどを交えながら、お伝えしました。

本書でもその観点は変わりませんが、新たな視点で、パフォーマンスに活かせるコア腹筋のチューニング法や、効果的なトレーニング法を探っています。

なぜ今回、体幹にフォーカスを当てたかと言えば、そもそも体幹や腹筋が弱いと自覚している人はとても多いのです。

バレエ教室で先生から「もっとお腹に力を入れて」「腹筋が弱い」と注意されることがあったり、ご自身でも、「もっと腹筋が強ければ、回転やバランスが上手くいくのに」と思っていたりするのではないでしょうか。

そして、バレエの上達を願う真面目な人ほど、その改善のために、「腹筋〇回」「プランク〇分キープ」と、やっていたりしませんか。

しかし、「腹筋やプランクをしているのにイマイチ踊りの上達につながらない」「踊っているうちにお腹が抜けてしまう」というご意見をじつにたくさんの方からうかがいます。それらの回数をこなすことがまったく無意味とはいいませんが、どうせやるのだったら、踊りながら使える腹筋が育ったほうがよい。そう思ったのがこの本を制作した理由です。

　では、踊りながら使える腹筋とは何か。
　そこで大切になってくるのが、「腹圧」です。
　腹圧は、体の芯にあるコアマッスルが働いたときの圧力のことをいいます。
　バレエでは、息を止めて一瞬お腹に力を入れたときのような硬めたり縮めたりする腹筋はあまり必要ありません。「腹圧が保たれた腹筋」は、「お腹を張る」に近い感覚です。
　腹筋をしているのに、腹筋が弱いと言われるような方は、もしかすると腹筋の表層部分だけを鍛えている可能性があります。

　腹圧を意識した体のチューニングや、トレーニングを積み重ねていくと、単に体の柔軟性を見せるのではない、重力に逆らったバレエらしい軽やかで伸びやかな体の使い方ができるようになってきます。
　腹圧をしっかり働かせることができれば、背中を反ったりせず引き上げができます。
　肩に入りすぎていた力も、抜くことができます。
　腹圧がかかり、引き上げが正しく行われるとターンアウトも明らかに変わります。
　今、わからない方も大丈夫です。段階を踏んで「腹圧」を使える踊りやすい体を手に入れましょう。

バレエダンサーさんのための治療院　主宰
専心良治　院長　島田智史

本書の構成

Chapter 1

腹圧ONの体幹を
"保つ"ためのチューニング

「腹圧にムラがない状態の腹筋」は、「お腹を
縮めた腹筋」とは、使われる場所も、感覚も、
他の動きへの影響も違います。
その感覚を知ってもらい、腹圧が保てるよう
になるチューニングをお伝えします。

全部のチューニングが必要？
Chapter1と2でご紹介するチュー
ニングは相乗効果があり、内容的に
も行き来ができます。ある意味、ど
れをやっても体幹を整えるスイッチ
は入ります。より自分に必要なチュー
ニングを選ぶ方法としては、
❶腹圧や体幹そのものの感覚が薄い
人：Chapter1 → Chapter2 の順で
一通り試す。
❷フロアで踊ると体幹が崩れること
が気になっている人：Chapter2 の
ワークを一通り試す。
　その後、苦手な動きに改善が見ら
れた方法をピックアップして行うの
もおすすめです。

Chapter 2

腹圧ONの体幹を "使う"ためのチューニング

「使える」体幹とは、一言で言えば、動きながら体幹の力を発揮できること。コアマッスルのパワーを使って体をコントロールできるようにします。そのために、体の内側にアプローチする2つの方法をお伝えします。

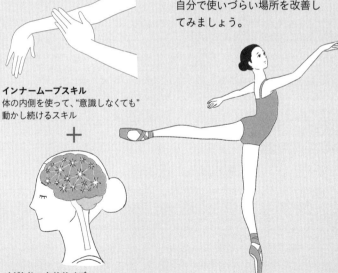

インナームーブスキル
体の内側を使って、"意識しなくても"動かし続けるスキル

＋

バグとりエクササイズ
神経回路と体幹の両方を使えるようにするトレーニング

Chapter 3

大人からでも進化できる！ センターレッスン 憧れのパの対策

センターレッスンやポワントワークは、バーレッスン以上に体幹が大事です。「腹圧ONの体幹」「体の内側を動かすスキル」を踏まえた上で、センターでよく行われるパの対策をお伝えします。
自分で使いづらい場所を改善してみましょう。

Chapter 2
腹圧ONの体幹を〝使う〟ためのチューニング

Chapter3

大人からでも進化できる!
センターレッスン 憧れのパの対策

Chapter 1

腹圧ONの体幹を 〝保つ〟ためのチューニング

腹圧ONの体幹を〝保つ〟ための
チューニングとは…

　まず体幹とは、頭や手脚を除く胴体のことです。腹圧は、体幹の芯にあるコアマッスルが働いたときの圧力のことをいいます。

　具体的には、横隔膜、腹横筋、骨盤底筋の３つのコアマッスルが働くと、お腹の中の圧力が高まって体幹が安定します。

　この３つがまんべんなく働くことで、腹圧がムラなくかかり、腹筋が入る効率が上がります。

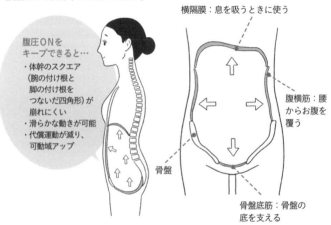

腹圧ONを
キープできると…
・体幹のスクエア
　（腕の付け根と
　脚の付け根を
　つないだ四角形）が
　崩れにくい
・滑らかな動きが可能
・代償運動が減り、
　可動域アップ

骨盤

横隔膜：息を吸うときに使う

腹横筋：腰
からお腹を
覆う

骨盤底筋：骨盤の
底を支える

　「腹圧にムラがない状態の腹筋」は、「お腹を縮めた腹筋」とは、使われる場所も、感覚も、他の動きへの影響も違います。

　腹圧のムラをなくそうとする際にネックになるのが、「骨盤がズレる」「あばらが開く」「肩が上がる」といった、代償運動です。これは「体幹が弱い」「腹筋が使えていない」「横の腹筋が弱い」といった問題の裏返しとも言えて、それらが起こるとそのぶんだけ腹筋を保つコスパが悪くなります。そこで、右ページの３つの項目から、代償運動を改善し、腹圧がムラなく入るようになるチューニングをお伝えします。

1 「動きの中で骨盤がズレるのを抑える」→ P12

体の前側（前もも、腸腰筋）を伸ばしてお腹が縦に伸びて腹筋を張る感覚を養う。

2 「肩甲骨と骨盤を連動させる」→ P27

筋膜のつながりを活かして肩甲骨と反対側の骨盤を連動させて、腕から体幹を支えることで体幹強化や股関節のコントロール力をアップ。

3 「骨盤底筋を活かして、可動域を上げる」→ P34

骨盤底筋を締める呼吸と体幹トレーニングやストレッチ。

この３つができるほど、腹圧をキープしやすくなり、
強い腹筋を保つコスパがアップ！
動きながら使える体幹が手に入ります！！

1 動きの中で、骨盤のズレを抑える

じつは、踊っているときに体幹が保てない原因の7割以上は、動きの中で骨盤がズレる代償運動のためです。

「踊っているときに骨盤がズレてるって注意される。自分では直してるつもりなんだけど、お尻を振ってるみたいで、どうやれば直るのかがわからない」

こんな悩みですね。

動きの中で骨盤がズレてしまう原因は、脚を動かすときにあばらと骨盤を開いてしまっているからです。

たとえば、脚を上げるときは、どの方向へ上げる（伸ばす）にしても片脚立ちになります。

このとき、伸ばしたり上げたりした方向とは逆方向に体は押されます。

つまり、軸足側の中心線上から横にはみ出るぶんだけ、体幹のバランスが崩れます。すると、本来は閉じようとしていたはずの、あばらや骨盤が開くだけでなく、股関節の動きも制限されてしまうのです。

そうなる大きな原因は2つあります。

❶ 腹筋が弱い
　（とくに、張る力）
❷ 脚の動き、重さに
　体幹が耐えられない

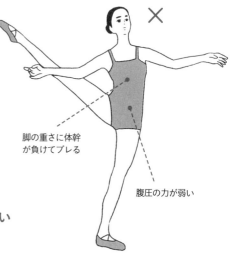

脚の重さに体幹が負けてブレる

腹圧の力が弱い

① 腹筋が弱いタイプ

レッスンで先生から、「もっとお腹に力入れて」「腹筋を使って」「腹筋が弱い」などと注意されることがあります。

そのとき、自分では、「すでにこれ以上ないくらいお腹に力を入れているのに…」と思ったことはありませんか？

これは腹筋を使うことに対して、先生とあなたの間に認識の違いがあります。

バレエでは、「お腹を縮めて背中が丸まる力の入れ方」や「息を止めてお腹の表面を硬めるような使い方」は、ほぼ求められません。むしろ、お腹周りを張る感覚に近くなります。

バレエでいう「腹筋を使って」は、正確には「腹圧を使って」とイコールだと思ってください。

腹圧は、体の芯にあるコアマッスルが働いたときの圧力のこと。「横隔膜」「腹横筋」「骨盤底筋」

この3つのコアマッスルが働くと、お腹の中の圧力が高まって体幹が安定します。

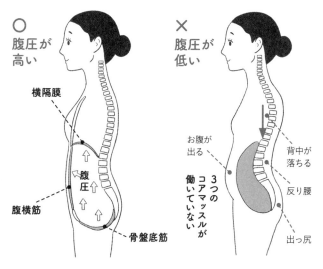

○ 腹圧が高い

横隔膜

腹圧

腹横筋

骨盤底筋

× 腹圧が低い

お腹が出る

3つのコアマッスルが働いていない

背中が落ちる

反り腰

出っ尻

🫧 腹圧が高いと安定感が増す

「腹圧が高い・低いの違いでパフォーマンスにどんな影響が出るの？」と思った方もいるかもしれませんが、前者はメリットだらけなんです。とくに、体幹の安定度や腕や脚の可動域と深い関係があります。

たとえば、腹圧がキープできると、背骨や骨盤、内臓の位置関係も安定するので「姿勢改善や腰痛の予防」や「腕や脚のコントロール力が上がり、肩や股関節の動きがスムーズ」になります。「快便になりやすい」といった健康上のメリットもあります。

逆に腹圧が低いと、背骨や骨盤の位置関係も保ちづらくなるため、「反り腰」「猫背」「肩の痛み」「腰痛」が出やすくなります。

仕組みを少し説明すると、腹圧がONになることで、胸腰筋膜という背中・腰・お尻の筋肉とつながる筋膜が緊張し、その連動で、「背骨や骨盤が安定する」「体幹部から二の腕、太ももへの力の伝達」が効率的に行われるのです。

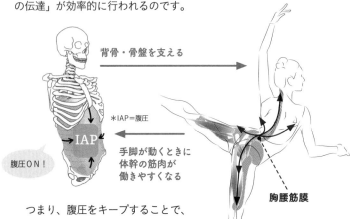

背骨・骨盤を支える

*IAP＝腹圧

IAP

腹圧ON！

手脚が動くときに
体幹の筋肉が
働きやすくなる

胸腰筋膜

つまり、腹圧をキープすることで、

・体幹がブレにくくなったり
・肩や股関節、手や脚などパーツをわけて使いやすい
　となります。

四肢を動かしやすくなるので、開脚などいわゆる柔軟性が必要なポーズにも効果的です。

へそを張り、
お腹を縦に伸ばして使おう!

　腹圧が大事なのはわかったけれど、「腹圧の入れ方がイマイチわからない」「腹圧をかけ続けられない」という方もいるでしょう。

　腹圧を入れる、腹圧をかける、というのは、平たく言えば、お腹の内部にまんべんなく張るような力が入っているかどうか。

　しかし、「そうできない」「そう感じない」「やってるつもりだけど間違ってるかも」となっているかもしれません。そうなってしまう理由の多くは、腹圧にムラがあるせいで、お腹を縮めるような使い方になってしまっているのが原因です。

　たとえば、引き上げようとして、お腹を引っ込めたり、お腹の筋肉をギュッと硬めたりしていませんか?

　腹圧をかけても、肩が上がってくるという人もいるでしょう。腹圧をかけるときに息を止めてしまったり、お腹の前のほうがじょじょに膨らみだしてしまったりする人もいると思います。それらもやはり、腹圧にムラがあるからなのです。

　対策のポイントは、へそを張りながら、お腹を縦に伸ばすこと。

　もう少し具体的にいうと、肋骨と骨盤の位置関係は変えずに、みぞおちと恥骨を引き離すようにお腹を縦に伸ばす。そのぶん、お腹が張る力がアップします。呼吸は止めません。息を吸うときに、より縦に伸びる感覚になります。

　縦に伸びたぶん、背骨や骨盤が安定して体幹がブレにくくなり、肩や股関節の動きもスムーズになります。

　とくに、まだ腹圧のかけ方がわからないという人は、「お腹を縦に伸ばして使う」。その一点を意識して、試しに、腕や脚を上げたり、ルルベなどつま先立ちしたときの感じを比べてみてください。

お腹が縦に伸ばせるぶんだけお腹の張力がアップ

肋骨と骨盤の位置関係は変えない

腹圧
チューニング

お腹を縦に伸ばすスイッチをON！

「お腹を縦に伸ばすと動きやすくなる」のはわかったとして、それを保ち続けるのが難しいと思った人もいるはずです。

そこで、意識しなくてもその状態にするチューニングをお伝えします。お腹から前ももまで、体の前を伸ばして背中を反るような動きでお腹が縦に伸びた状態を作る方法です。

1 片膝を立てて、もう片方の脚を後ろに伸ばす

反り腰にならずに重心が前に移動し、脚の付け根の前側から前ももが伸ばされます。

ヘソを前に出す

背を高く保つ

クッションを敷いて、膝を保護

余裕がある人は、背を高く保ったままお腹を伸ばすように体を反ってみよう

2 みぞおちとヘソ下を引き離すようにお腹を縦に伸ばします

この状態でヘソを前に出そうとすると、首から腰までを使って反りやすくなります。

足を膝より前に出せると、ストレッチ効果がアップ

ヘソを前に出す

背を高く保つ

首
背中
腰

お腹から足の付け根、太ももの前や内側が伸びを感じればOK！

腸腰筋などのストレッチとしてはここまでで十分効果があります。2の状態をキープしたまま、「腕を回す」「上半身をねじる」「体側を伸ばす」の3つの動きを足すと、そのぶん動きの中で骨盤が安定して使えるようになります。

＋腕を回す

　後ろに伸ばした脚はさらに伸ばしやすく、お腹から前ももの伸びもさらにキープしやすくなり、骨盤が安定して、より腹圧が入りやすくなります。

1 **脚を伸ばしている側と同じ腕を前に伸ばします。**

二の腕の内側を意識してねじる

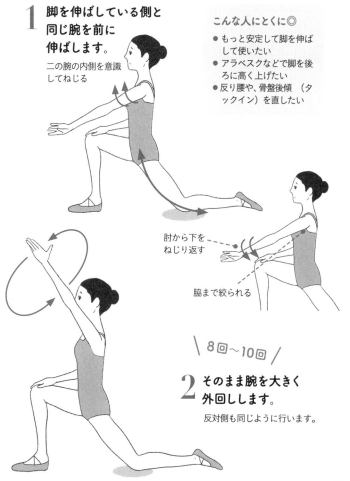

こんな人にとくに◎

● もっと安定して脚を伸ばして使いたい
● アラベスクなどで脚を後ろに高く上げたい
● 反り腰や、骨盤後傾（タックイン）を直したい

肘から下を
ねじり返す

脇まで絞られる

＼ 8回〜10回 ／

2 **そのまま腕を大きく外回しします。**

反対側も同じように行います。

＋上半身をねじる

骨盤が安定することで、腰はひねりやすく、股関節はつまりにくくなり、体幹が保ちやすくなります。

1 **両手を前に伸ばし、腕を内側にねじってから、前に出している足側の腕を上に伸ばします。**

こんな人にとくに◎

● ソ径部や腰がつまりやすい
● あぐらや開脚などで脚を開いて座りづらい
● ターンアウトが苦手、弱い

2 腕を上に伸ばした側に振り返ります。

胸の高さから振り返るようにする

腕を上げた状態のまま振り返ることで、背骨の回旋がしやすくなる

3 ちゃんと〝振り返って〟から、腕を横に伸ばします。そこから手を内側に前回しします。

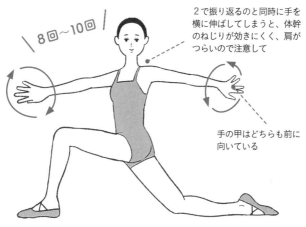

8回〜10回

2で振り返るのと同時に手を横に伸ばしてしまうと、体幹のねじりが効きにくく、肩がつらいので注意して

手の甲はどちらも前に向いている

反対側も同じように行います。

＋体側を伸ばす

骨盤周りの弾力性が上がったり、動きの中で骨盤やお尻がズレにくくなります。

**1 後ろに伸ばした
脚側の腕を横から上げて、
体を横に曲げます。**

ヘソは正面を
向いている

お腹から脚の付け根、
太ももの伸び具合が
強くなる

反対側も同じように行います。

② 脚の動き、重さに 体幹が耐えられないタイプ

　脚の動きに体幹がつられてしまう問題についてお話します。「レッスン後に腰が痛くなる」「脚を横に上げるとソ径部がつらい」「4番や5番など足をクロスするときにお尻を振ってしまう」という人に多い問題です。

　「レッスン後に腰が痛くなる」は、脚を後ろに伸ばすときに、自分では脚だけを伸ばしてるつもりでも腰のひねりを先に入れてから脚を出す癖がついてしまっていることが大半です。

　これは、体の構造上、体を斜めに開く（骨盤やあばらを開く）ほうが脚を後ろに伸ばしやすいからです。しかし、これを続けていると、脇腹と骨盤をつなぐ横の腹筋（腹斜筋など）に過度な負担がかかります。その結果、骨盤のヘリから腰の根元にかけて痛みが出やすくなるのです。

　「4番や5番ポジションなど、足をクロスして立つようなポーズで、つま先が前に向いてしまう」「かかとを前にしようとするとき、脚の付け根やお尻の上が硬まる」。このような使い方は、股関節の代わりに骨盤やお尻が動いている場合があります。

　確かに、4番ポジションにするときに、前に出す脚側のお尻を振ってから出すと、かかとは前に向けやすくなります。でも、このやり方では、股関節は内旋し、外旋（ターンアウト）できません。なので、体重をかけたときに、脚が内側に回ってしまい、つま先が前に戻されてしまうのです。

　「脚を横に上げるときにソ径部がつらいという問題」も、お尻を振って脚を上げるという使い方をしていると起こりやすくなります。

　自分では一生懸命コントロールしようとしているつもりなのに、なぜそうなるのか。

　それは、体幹をまっすぐ保つ力より、脚を動かしたり、移動で体を振る力のほうが強くなっていて、コスパが悪い体幹のキープの仕方をしているからです。本人がこのズレに気づいていない、自分はちゃんとできていると思っているケースも多く見られます。

腹圧 ON対策　重心移動をしても揺れにくい体に

　脚の動きに体幹がつられるという問題を直す方法は、大きく2つあります。

❶ そもそもの揺れを減らす
❷ 股関節のコントロール力をアップする

「そもそもの揺れを減らす」ためには、重心移動の範囲に余裕があることが大切です。そうでないと、バランスがとれません。

　たとえば、片脚で立って脚を上げるときは、重心が軸足側に乗っているほど、動かす脚の股関節も動かしやすくなります。

　重心を軸足側に乗せやすくする、要するに、重心移動がうまくなるコツとして、一番手っ取り早いのは、「片脚で移動して立った先で、下から順番にパーツを揃える」ことです。

頭、首

肩、胸

みぞおち

骨盤

太もも

膝下

ちなみに、ピケは中心移動のよい練習になりますよ。

　一歩でまたげる距離を増やせば、ヘソの高さにある重心が移動できる距離が増えます。

　この移動できる距離分はバランスを保てるので、関節は体重を支える仕事から解放されて動きに集中しやすくなり、その範囲で関節の可動域がアップします。

　さらに、移動した先で軸足上に体のパーツを揃えることで、バランスの崩れを少ない動きで修正する力もアップします。

　とくにバレエは片脚で立つ動きが非常に多いので、これがスムーズにできるほど、踊り全体の質も底上げされます！

**腹圧
チューニング**

重心移動をスムーズにして、
腹圧を働かせやすくする

こんな人にとくに◎

- 片脚で立つときに骨盤がズレる
- ポーズをとるとグラグラする
- 脚が高く上がらない
- 回転系の軸がブレる

　まず基本にしたいのが、前・横・後ろの3方向への移動です。
3方向行うことで、真っ直ぐに保てる範囲が増えるので、回転系
でも軸がブレにくくなります。

Skill Up

前に移動できる範囲が増えると、
・アラベスクで重心を前に移動しやすくなり、
　脚が上がりやすくなる
・脚を前に上げるときに膝が伸ばしやすくなる

横に移動できる範囲が増えると、
・パッセなどで膝を横に向けやすくなる
・脚を横に上げやすくなる

後ろに移動できる範囲が増えると、
・脚を後ろに伸ばしたときに骨盤がズレにくくなる

前への重心移動

*バランスボードなどグラグラするものに移動すると効果的ですが、グラグラするのが不安な方は、ボードは使わずに一歩でまたげる距離を増やしてみてください。

1 一歩でまたげる距離感で目印になる足場を決めます。

目印（バランスボードなしでもOK）

目印までの距離感を確認しておく

2 目印にした足場を目標に、片方の脚を伸ばして、膝から下を乗せます。

応用＊ジャンプの着地での片足立ちを成功させたい人は、実際にジャンプするくらい距離を伸ばすと、脚の可動域やジャンプの高さも増えます。

一歩でまたげる距離を伸ばすと、そのぶんバランスをとりながらの可動域がアップ

体はまっすぐに

お腹や、お尻、胸、肩など、軸足の線上からはみ出す部分は手でサポートして、軸足の縦線上に収めて

3 片脚で立ち、膝から下のラインを基準に、軸足の中心線上に、太もも→骨盤→お腹→胸・肩→首→頭と下から順に収めていきます。

反対側も同じように行います。

横への重心移動　基本的な流れは「前への重心移動」と同じです。

1 一歩でまたげる距離感で
目印になる足場を決めます。

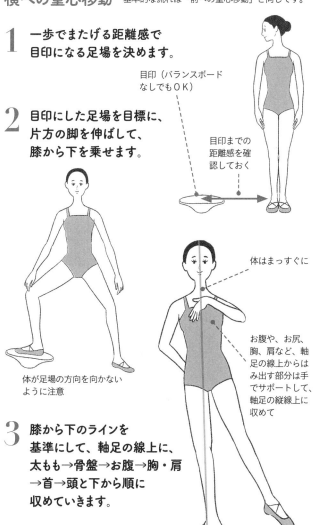

目印（バランスボード
なしでもOK）

2 目印にした足場を目標に、
片方の脚を伸ばして、
膝から下を乗せます。

目印までの
距離感を確
認しておく

体はまっすぐに

お腹や、お尻、
胸、肩など、軸
足の線上からは
み出す部分は手
でサポートして、
軸足の縦線上に
収めて

体が足場の方向を向かない
ように注意

3 膝から下のラインを
基準にして、軸足の線上に、
太もも→骨盤→お腹→胸・肩
→首→頭と下から順に
収めていきます。

反対側も同じように行います。

後ろへの重心移動　後ろも同じように行います。

1 一歩でまたげる距離感で
目印になる足場を決めます。

2 目印にした足場を目標に、
片方の脚を伸ばして、
膝から下を乗せます。

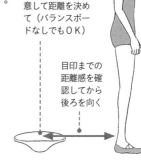

後ろはバランスがとりにくいので注意して距離を決めて（バランスボードなしでもOK）

目印までの距離感を確認してから後ろを向く

体はまっすぐに

お腹や、お尻、胸、肩など、軸足の線上からはみ出す部分は手でサポートして、軸足の縦線上に収めて

3 膝から下のラインを
基準にして、
軸足の線上に、
太もも→骨盤→お腹→
胸・肩→首→頭と
下から順に
収めていきます。

反対側も同じように行います。

「肩甲骨と骨盤の連動」で体幹強化＋股関節のコントロール力アップ

バレエ教室で、先生から「肩が上がってる」と注意された経験がある人は多いのではないでしょうか。

他にも、「肘が落ちている」「腕を背中（肩甲骨）から使って」「腕をもっと長く使って」という言葉をかけられたこともあるかもしれません。

「腕は、振り付けのための飾りだと思っていた」という人もいるのですが、フロアで踊るときの腕は、"自転車に乗るときのハンドルと同じ"です。

腕が使われないのは、自転車を手放しで運転しているようなもの。バランスに大きな影響が出ます。

フロアで踊り出すと、

・体が硬くなる（背中、股関節、肩など部位を問わず）
・体幹が弱いと感じる
・可動域が狭いと感じる（脚が上がらない、キープできないなど）

このような問題の根本の原因は、「腕のサポートをほぼ使っていないから」です。

バレエは、肘の位置で、膝の向きや位置（太ももの可動範囲）を決めています。肘から先を遠くに伸ばすことで、膝の伸びや脚を遠くに伸ばす力、床を押す（脚を遠くに伸ばす）力に変えています。つまり、腕から体幹をつなぐサポートが使えると、股関節も背中も動かしやすくなるのです。

逆に考えると、腕のサポートがないために、「踊り全体に力みがでる」「踊りが重い（軽やかな感じがない）」「どすんと着地したり、踊りが雑に見える」といった、「自分の思い描いたイメージとは違う必死感のある消耗運動」っぽくなることがあります。

　とはいえ、「すでに腕を一生懸命伸ばしている（つもり）」「手を遠くに伸ばそうとすると肩が抜けてきたり指に力が入ってしまう」「そもそも背中から腕を使う感じがわからない」と悩んでいる人もいるでしょう。

　ここからは、腕が背中から使えるようになる。要は、腕と体幹をつないで体を自然に使いやすくする方法をお伝えします。

　それは、「肩甲骨と骨盤の連動」です。

　腕や脚の力を体幹に伝えられると、背骨の可動域が上がり、腹圧がムラなく入り、体幹を強化できます。

　反対に、体幹の力を腕や脚に伝えられると、腕や脚の可動域が上がります。

　つまり、肩甲骨と骨盤の連動性によって、「腕ー体幹ー脚」をつなげて使いやすくなるのです。

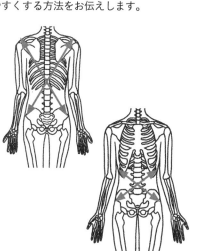

「腕ー体幹ー脚」をつなげて動けるメリットは…

・背中やお腹の筋肉が使いやすくなるのでアラベスクで上体を起こしたり、背中を反ったりしやすくなります。

・腕が滑らかに動くのでアロンジェなど、腕の振りが伸びやかになり、安定してできるようになります。

また、腕のサポートで股関節のコントロール力もアップします。

・フロアでグラグラすることが減る

・アチチュードなどで脚を上げるときに股関節が使いやすい

・動きの中でターンアウトがキープしやすい

となります。

「肩甲骨と骨盤の連動」にかかせない2つの筋肉

　肩甲骨と骨盤の連動でポイントになる筋肉は2つあります。

　1つは、肩甲骨と脇をつなぐ筋肉「前鋸筋」。

　肩を下げたり、背中で反りやすくしたり、あばらを締めて腹筋を使いやすくするのに役立つ筋肉です。

　もう1つは、背骨や骨盤と脚の付け根をつなぐ筋肉「腸腰筋」。姿勢をキープしたり、脚を90度以上に上げるときに骨盤が外に広がらないように内側に絞るのに使います。

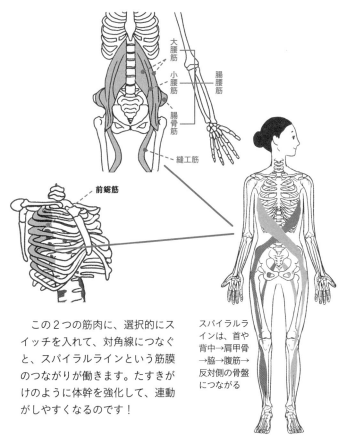

　この2つの筋肉に、選択的にスイッチを入れて、対角線につなぐと、スパイラルラインという筋膜のつながりが働きます。たすきがけのように体幹を強化して、連動がしやすくなるのです！

スパイラルラインは、首や背中→肩甲骨→脇→腹筋→反対側の骨盤につながる

肩甲骨と骨盤の連動（前鋸筋ワーク）

前鋸筋をスイッチにして反対側の骨盤と連動させるやり方についてお話しします。

1 あぐらで座ります。

point

あぐらで座ることで、腸腰筋にスイッチが入ります＊無理のない範囲でかまいません。

あぐらの形をきつくするほど骨盤が矯正される。理想は、足の甲が反対の太ももに乗るくらい

調整する腕とは反対の足が上になるように（右腕をやるなら左足が上）。これで、骨盤の上のほうを矯正できる

2 前鋸筋のスイッチを入れます。

指を下に向けて、反対の手で指を反らします。手首の根本を押し出すように、腕を前に伸ばします。

前鋸筋の下のほうにスイッチが入る

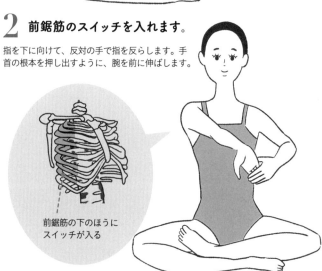

3 前鋸筋を使って肩甲骨を骨盤に近づけます。

2の形をキープしたまま、反対の太ももに手首を引っ掛けてから、
上体を前に倒します。

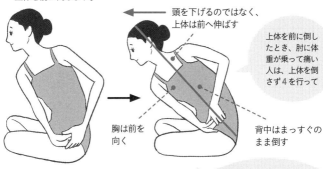

頭を下げるのではなく、
上体は前へ伸ばす

上体を前に倒し
たとき、肘に体
重が乗って痛い
人は、上体を倒
さず4を行って

胸は前を
向く

背中はまっすぐの
まま倒す

4 3の形をキープして肘から先、膝から先をこすります。

（＊P54インナームーブスキ
ルをプラスしてエネルギーの
通りをよくします）

肘から手首に向
けてこする→背
中の上のほうが
動きやすくなる

膝から足首に向
けてこする→背
中の下のほうが
動きやすくなる

アラベスクの矯正に最適！
顔を正面に向けたまま、体を前に倒せる
ほど、アラベスクでお腹が開いたアラベ
ゴン、通称ひらめ状態を矯正する効果が
アップ。ただ、前にいこうとしすぎて、
下を向いてしまうとNG。無理をせず顔
を正面でキープできる姿勢のまま、腕を
こすって骨や関節が動きやすくなると、
自然と前に倒せるように。

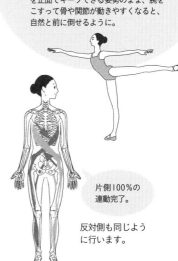

片側100％の
連動完了。

反対側も同じよう
に行います。

31

腹圧ON対策

[あぐらが苦手な人向け]

腸腰筋への
刺激にも◎

肩甲骨と骨盤の連動

「そもそもあぐらができない」「あぐらが苦手」という人は、腸腰筋が使えていないかもしれません。立ち姿勢で、腸腰筋からアプローチして、肩甲骨と骨盤の連動を行うチューニング法をご紹介します。

　腕を後ろに組むなどして肩甲骨のスイッチを入れたら、次に腸腰筋のスイッチを入れるために、「もも上げ」をします。

1 手を後ろに組んで伸ばします。

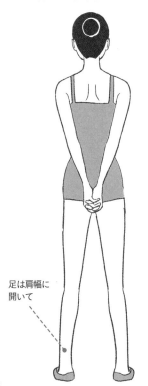

足は肩幅に
開いて

2 肘を一度曲げてから左へ伸ばします。

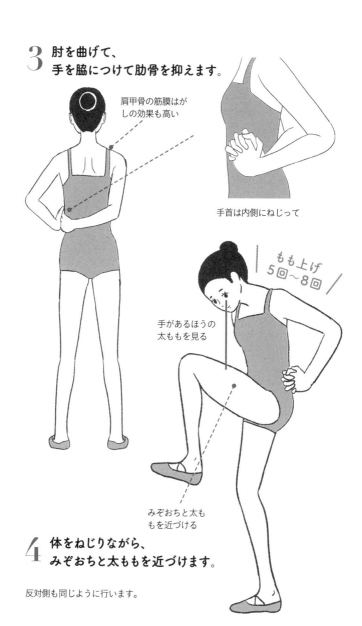

3 肘を曲げて、
手を脇につけて肋骨を抑えます。

肩甲骨の筋膜はが
しの効果も高い

手首は内側にねじって

もも上げ
5回〜8回

手があるほうの
太ももを見る

みぞおちと太も
もを近づける

4 体をねじりながら、
みぞおちと太ももを近づけます。

反対側も同じように行います。

3 骨盤底筋の力を活かして体幹強化とストレッチの効率アップ

骨盤底筋は骨盤の下にある筋肉たちです。体幹や関節の可動域アップとの関連が見えにくいところですが、姿勢キープに深く関わっていて、以下のような働きがあります。

・恥骨、坐骨、尾骨（仙骨）などのアライメント（位置関係）をよくする
・股関節周りの筋肉や、腹筋たちと連動して働く

その関連性を活かすと、バレエでは、下記のようなメリットがあります。

◎脚の付け根からターンアウトしやすくなる
◎内ももの筋肉が使いやすくなる
◎コアの安定や骨盤の位置調整によって、ストレッチで引っかかるところを減らしたり、回転しやすくする
◎軸ブレ防止と引き上げ

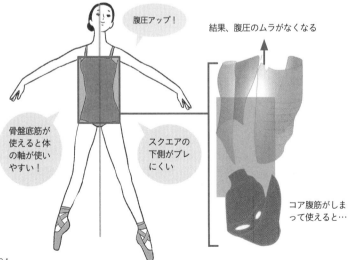

腹圧アップ！

結果、腹圧のムラがなくなる

骨盤底筋が使えると体の軸が使いやすい！

スクエアの下側がブレにくい

コア腹筋がしまって使えると…

骨盤底筋と体幹の関係

　お尻の奥にある骨盤底筋群が、姿勢のキープと深く関係している理由は、他のコアマッスル（腹横筋や横隔膜、多裂筋）と一緒に働いて、腹筋を強化し、動いているときの体幹を安定させるからです。これによって、まっすぐ歩いたり、ジャンプをしたり、ターンアウトや片脚でバランスを取るときなどに骨盤がズレないようにします。

　また、太ももを内側に寄せたり、横に開いたり、外旋しているときは、骨盤底筋が働くことで腹圧をキープできます。加えて、骨盤底筋が働くと軸が強化され、スクエアを保つ助けになるので、肩の可動域が広がり、アレグロなど速い動きのときなど姿勢が崩れにくくなります。

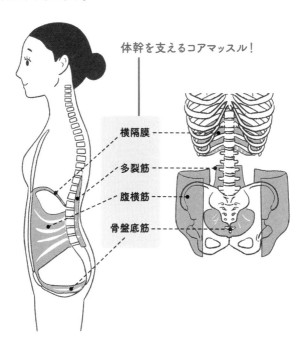

体幹を支えるコアマッスル！

横隔膜

多裂筋

腹横筋

骨盤底筋

骨盤底筋の強さはターンアウトの助けになる

骨盤底筋は股関節周りの筋肉とも関係しています。

股関節周りの筋肉が働くと、骨盤底筋も同時に働くという仕組みがあるのです。

たとえば、内ももの筋肉の1つである大内転筋は、内閉鎖筋というターンアウトで使う深層外旋六筋の筋肉の1つとつながっています。さらに、内閉鎖筋は骨盤底筋の1つ肛門挙筋とつながっています。

また、大腿骨と骨盤を結ぶ梨状筋（深層外旋六筋の1つ）は、骨盤底筋を支える後ろの壁になっています。

つまり、ターンアウトで、深層外旋六筋が使えれば、関節的に骨盤底筋にも刺激が入るのです。

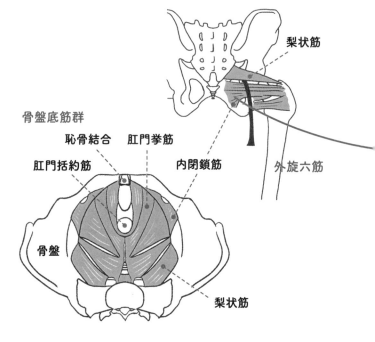

梨状筋

骨盤底筋群

恥骨結合　　肛門挙筋

肛門括約筋　　　内閉鎖筋　　外旋六筋

骨盤

梨状筋

逆に言えば、骨盤底筋の収縮力が強ければ、ターンアウトでお尻の奥の筋肉を使う助けになります。

　バレエの先生の中には、ターンアウトをキープするのに「お尻の穴を締める感じで力を入れて」という方がいますが、それは骨盤底筋と深層外旋六筋を両方使えるからです。

　さらに、骨盤底筋群が使えている状態でターンアウトすると、脚の付け根の内側が動いてかかとが前に向きやすくなります。

　総じて、体の芯が使えて体幹がブレないようになるため、バランス力がアップし、ルルベ、ピルエットなどのパもやりやすくなります。

　また、骨盤の下のほうを立てやすくなるため、開脚、前屈、後屈など、座って行うストレッチの正しい姿勢が保ちやすくなり、それら全般の効率も上がります。

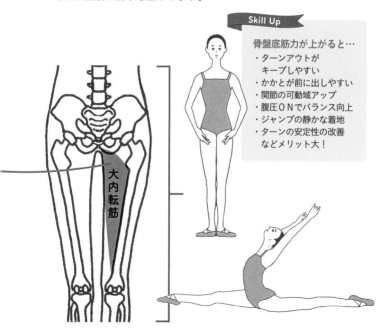

大内転筋

Skill Up

骨盤底筋力が上がると…
・ターンアウトが
　キープしやすい
・かかとが前に出しやすい
・関節の可動域アップ
・腹圧ONでバランス向上
・ジャンプの静かな着地
・ターンの安定性の改善
などメリット大！

〈 基本 〉骨盤底筋トレーニング

骨盤底筋のトレーニングは、呼吸を使ったものが一般的です。

尿道の周りや、膣壁周囲の随意筋（尿道括約筋、肛門挙筋）を鍛えることで、尿道の閉鎖圧を高めたり、骨盤内臓器の支持を補強したりします。

わかりやすく言えば、オシッコを我慢するときや、お尻の穴を締めるときに使う筋肉を鍛えます。

これはもっとも簡単なやり方です。

1 仰向けに寝て脚を少し開き膝を立てます。

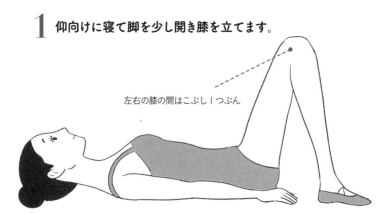

左右の膝の間はこぶし1つぶん

脚を完全に閉じたり、開き過ぎたりすると骨盤底筋に効きにくいので注意。

2 骨盤底筋を締めます。

お尻の穴（肛門）を閉める

↓

おしっこを我慢する OR
おしっこを途中で止めるように力を入れる

↓

8秒かけて口から息を吐いていく
＊へそ下にうっすら力が入る

↓↑

4秒で鼻から息を吸う
＊リラックスしてお腹の力はゆるめすぎない

＼呼吸を5回／

骨盤の中の臓器を胃の方
向に引き込むイメージで

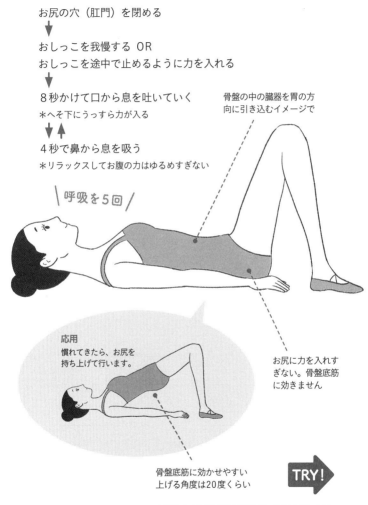

お尻に力を入れす
ぎない。骨盤底筋
に効きません

応用
慣れてきたら、お尻を
持ち上げて行います。

骨盤底筋に効かせやすい
上げる角度は20度くらい

TRY!

＊胃の方向に引き込む感覚がつかみにくい人は、
次ページの座って行う呼吸法を！

「骨盤底筋を締める深呼吸」で
体幹強化

　座った状態で骨盤底筋をトレーニングする方法もあります。前ページの方法で、「ちゃんと骨盤底筋に効いているか」「胃の方向に引き込む感覚がわかりにくい」という人にもおすすめです。

　内ももの肉（皮膚でもＯＫ）を骨盤に近づけることで、下っ腹に力が入り、骨盤を立てやすくして体幹を強化します。

1 イスに座って行います。
内ももを手で骨盤に
向かって引き寄せます。

「つかむと痛い」「つかめない」という人は、内ももの皮膚を骨盤に向かって手のひらで寄せてもＯＫ。

point

引き寄せるとき、内ももに触れて2秒待つこと。組織がすべらず寄せやすくなります。

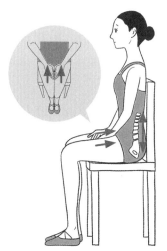

2 内ももを手で骨盤に
寄せながら、座り直します。

骨盤が立ちやすくなるので、腰が伸びてまっすぐ座りやすくなる

3 2の姿勢がラクにとれるようになったら、その形をキープしたまま深呼吸します。

「骨盤底筋を締める深呼吸」のやり方
3回に分けて息を吐きます。
1 フーッと口で吐く
　（腹筋全体のスイッチ）
2 そのままフッフッフッと3回吐く
　（腹筋の表面の筋肉のスイッチ）
3 最後にフーッと全部吐き切る
　（コアの腹筋、下っ腹のスイッチ）
4 鼻から息を吸う

フー、フッフッフッ、フーーーー

呼吸を
3〜5回

Check!
✕ 途中で息継ぎしない。腹筋の奥にスイッチが入りません。
✕ 姿勢をまっすぐに保つ。顔を下に向けて息を吐くと、背中が丸まって骨盤が後傾し、効果が薄れてしまいます。

Skill Up
骨盤の底は腹圧が抜けやすいのですが、「骨盤底筋を締める深呼吸」によって、蓋をした形になり、腹筋にムラなく力が入ります。

「骨盤底筋を締める深呼吸」×体幹トレーニング！〜 プランク編 〜

「骨盤底筋を締める深呼吸」を使ってトレーニングやストレッチを行うと、腹筋にムラなく力が入っているため、効率がアップします。

今回は、プランクで説明します。プランクはそもそも体幹を強化し、腹圧を上げる運動ですが、さらに骨盤の安定性が高まるなど、体幹強化につながるでしょう。

1 肘を支点にした腕立ての姿勢をとります。

プランクはポーズの取り方が非常に重要です。

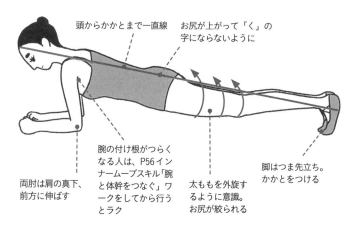

頭からかかとまで一直線

お尻が上がって「く」の字にならないように

腕の付け根がつらくなる人は、P56 インナームーブスキル「腕と体幹をつなぐ」ワークをしてから行うとラク

両肘は肩の真下、前方に伸ばす

太ももを外旋するように意識。お尻が絞られる

脚はつま先立ち。かかとをつける

Skill Up

腹筋に効かせるコツは、「お尻の絞り」と呼吸！
「お尻の絞り」は、「お尻に力を入れる」ではありません。
両足のかかとをつけたまま太ももを外旋しようとするとお尻が絞れます。見た目ではわからなくても体の内側で股関節にその力が伝わり、お尻が絞られて、体幹から足先まで一直線に揃えやすくなります。さらに呼吸をプラスすることで腹圧が強化されます。

2 さらに腹筋に効かせるために 「骨盤底筋を締める深呼吸」を行います。

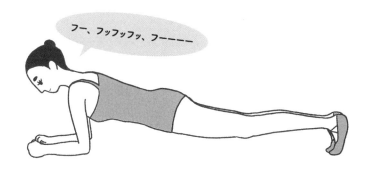

フー、フッフッフッ、フーーーー

「骨盤底筋を締める深呼吸」のやり方
3回に分けて息を吐きます。
1 フーッと口で吐く
　（腹筋全体のスイッチ）
2 そのままフッフッフッと3回吐く
　（腹筋の表面の筋肉のスイッチ）
3 最後にフーッと全部吐き切る
　（コアの腹筋、下っ腹のスイッチ）
4 鼻から息を吸う

「骨盤底筋を締める深呼吸」×
ストレッチ！〜開脚編〜

「骨盤底筋を締める深呼吸」をすると、恥骨、仙骨、坐骨、尾骨を中心に集めやすくなるので、骨盤の下が立てやすくなります。骨盤が立つことで、腹圧が高まり、肩周りなどの余計な力が抜けやすくなったり、体を動かしやすくなります。

つまり、この呼吸法は、ストレッチでぎゅーっと伸ばしたい姿勢にもっていく時短になるのです！

無理なストレッチで体を痛めてしまう理由は、うまく伸ばせない体勢なのに、無理に体重をかけているから。

この呼吸法を活用すると、筋肉を伸ばしやすい姿勢からストレッチできるようになり、怪我の予防にもなります。

1 やりたいストレッチの現在地を確認します。

例：開脚

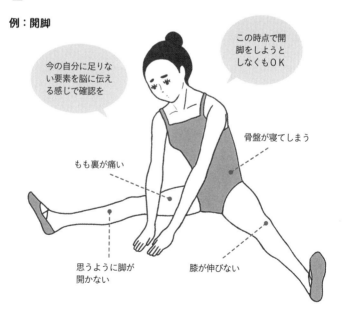

今の自分に足りない要素を脳に伝える感じで確認を

この時点で開脚をしようとしなくもOK

骨盤が寝てしまう

もも裏が痛い

思うように脚が開かない

膝が伸びない

2 腕を上に伸ばして 「骨盤底筋を締める深呼吸」をします。

腕を上に伸ばす
↓
お尻の穴(肛門)を閉める
↓
おしっこを我慢するor
止めるように下っ腹に力を入れる
↓
1 フーッと吐く口で吐く
　（腹筋全体のスイッチ）
2 そのままフッフッフッと3回吐く
　（腹筋の表面の筋肉のスイッチ）
3 最後にフーッと全部吐き切る
　（コアの腹筋、下っ腹のスイッチ）
4 鼻から息を吸う

フー、フッフッフッ、フーーー

腕を上に伸ばすと上半身の引き上げに→重心が引き上がり股関節が動かしやすくなる

3 太ももを左右、内側に回して休憩します。

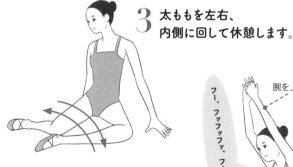

腕を上に伸ばす

フー、フッフッフッ、フーーー

4 開脚の姿勢に戻ります。もう一度、2の深呼吸を行います。

このチューニングで、最初よりも脚が開いて効率よく開脚がしやすくなります。1回でも効果の違いがわかるでしょう。

〈 応用 〉もっと開脚したい人へ…

4の後、3の「太ももを左右、内側に回す休憩」を挟み、ポーズを変えて「骨盤底筋を締める深呼吸」を行うと、よりコアに働きかけたチューニングができ、開脚がしやすくなります。

ウエストを押さえる×「骨盤底筋を締める深呼吸」

ウエストを押さえて腹筋の力が外に抜けないように呼吸

↓

コアマッスルが働いて姿勢が保ちやすい。骨盤が立つことで股関節が動かしやすい

↓

太ももを左右、内側に回して休憩します（P45、3）

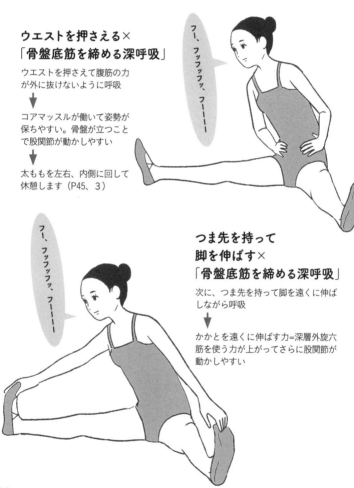

フー、フッフッフッ、フーーー

つま先を持って脚を伸ばす×「骨盤底筋を締める深呼吸」

次に、つま先を持って脚を遠くに伸ばしながら呼吸

↓

かかとを遠くに伸ばす力=深層外旋六筋を使う力が上がってさらに股関節が動かしやすい

ふだんのレッスンで骨盤底筋からの
腹圧を活かすには?

骨盤底筋の働きがバレエのパフォーマンスにもたらす影響は大きなものです。骨盤底筋からコアの腹筋が働くと、無駄な力を抜いて、踊ることができます。なので、意識したときだけではなく、踊っている間、ずっと働き続けてほしい筋肉です。

ここまでのワークで、骨盤底筋の意識の仕方やスイッチを入れる感覚がわかったら、レッスンでもぜひ活用してください。

「骨盤底筋を締める深呼吸」にバレエの動きを足して腹圧を高める状態に導きましょう。

「骨盤底筋を締める深呼吸」をしながら、「骨盤のズレが起きやすく、内ももが使われにくい」、以下の3つの動きをしてみましょう。

❶ 5番ポジション
➡ **内股を使って5番にしやすくなる**

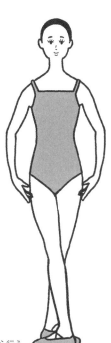

> 骨盤底筋を締める+
> フー、フッフッフッ、
> フーーー

お尻の穴(肛門)を閉める

⬇

おしっこを我慢するor止めるように
下っ腹に力を入れる

Skill Up

これらを繰り返していくと、脳に正しい体の動かし方や、腹圧のかけ方、骨盤底筋の力の入れ方がインプットされて、無意識でも使えるようになってきます!

5番をキープしながら行う

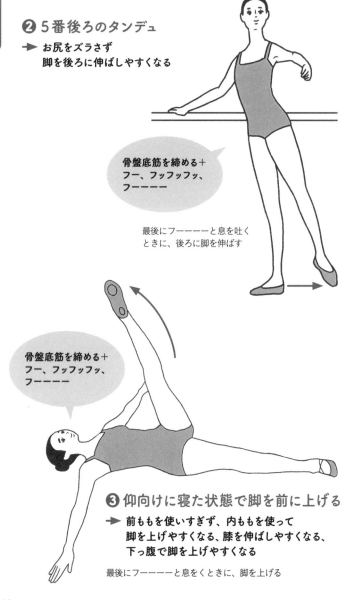

❷ 5番後ろのタンデュ

➡ お尻をズラさず
脚を後ろに伸ばしやすくなる

骨盤底筋を締める＋
フー、フッフッフッ、
フーーーー

最後にフーーーーと息を吐く
ときに、後ろに脚を伸ばす

骨盤底筋を締める＋
フー、フッフッフッ、
フーーーー

❸ 仰向けに寝た状態で脚を前に上げる

➡ 前ももを使いすぎず、内ももを使って
脚を上げやすくなる、膝を伸ばしやすくなる、
下っ腹で脚を上げやすくなる

最後にフーーーーと息をくときに、脚を上げる

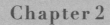

Chapter 2

腹圧ONの体幹を "使う"ためのチューニング

体幹を"使う"ために、
体のエネルギーの通りをよくしよう!

Chapter 1では、

・体幹を安定させる（スクエアを崩さない）

・代償運動を減らして関節が自由に動ける範囲を増やす

といったフィジカル（体の条件をよくするため）のアプローチを主に行いました。腹圧をONにして、体幹の筋肉に力が入りやすい状態を感じていただけたのではないでしょうか。

　Chapter 2では、実際にパフォーマンスのスキルを上げるため、体幹を踊りの中で"使って"いくためのアプローチになります。

　一般的に、体幹を"使う"となると、「下っ腹に力を入れ続けましょう」という話になりがちです。でも、パフォーマンスの観点でみると、腹筋に力を入れていればいい（硬める筋力をつければいい）というわけではありません。

　パフォーマンスで体幹が大事な理由は、以下の2つになります。

○ バランスのコントロールをしやすくする

○ 力（パワー、エネルギー）の通りをよくする

　逆に言えば、「体幹が弱い」とは、こういうことです。

× 思うようにバランスをコントロールできない

× 思ったほど力が出せない

× 肩や股関節が力みやすい（硬まりやすい）

× 呼吸が深くできない

　つまり、体幹が弱い原因は、体の硬さ（柔軟性）や筋力不足だけが問題なのではなく、「関節の詰まり」や「膝やつま先が伸びない」といった、体幹の力を発揮できない体の状態にもあるのです。

では、どうしたらいいか。それは「体の内側を使って動かし続けるスキル」を補うことです。

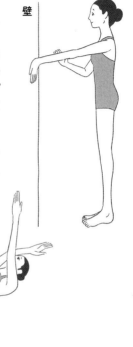

壁

　ここでは２つの方法をご紹介します。
　１つ目は、「インナームーブスキル」。「体の内側のエネルギーの通りをよくして"意識しなくても"動かし続けられるスキル」を育てる方法です。→P54

　２つ目は、「バグとりエクササイズ」。神経回路と体幹の両方をトレーニングする方法です。→P72

　「インナームーブスキル」×「バグとりエクササイズ」を組み合わせると、自分の弱点を克服する"時短"プログラムにもなります。「Chapter Iは不要で、こちらだけでよかったんじゃないか」と思う人もいるかもしれませんが、これらはそもそも体幹が弱すぎるとうまくできないことがあります。効果が感じられない、うまくできないという方は、Chapter Iのチューニングで腹圧ONに体を整えてから戻ってきてください。

命令を送り続けることで
可動域アップ＆滑らかな動きを
つくることができる

　バレエでは、「遠くに伸ばし続けること」で形（滑らかな動きや可動域）をつくります。

　たとえば、先生から「膝を伸ばして」とアドバイスされて、伸ばしているつもりなのに「もっと伸ばして」などと言われた経験があるかもしれません。

　その多くは、「1回伸ばして終わり（伸ばす命令を途中で止めた）」となっていることが原因です。膝を伸ばすには、「1回伸ばして終わり」ではなく、「ポーズをしている間、伸ばし続ける（伸ばす命令を何度も送る）」使い方が必要なのです。

意識するだけではうまくいかない理由

　ここでやっかいなのが、「遠くに伸ばし続ける使い方」をイメージすることが難しいことです。

　確かに、レッスンでは、「手脚はもっと遠く（長く）」という表現でアドバイスされているかもしれませんが、これは、単に距離的に遠くに手脚を伸ばすイメージではなく、自転車の運転のように「こぎ続けながら何かをする」感覚に近いです。つまり、ペダルを漕ぎ続けないと自転車が動かなくなるように、手脚に「遠くに伸ばす」と命令を送り続けないと、バランスが崩れてしまうのです。なので、体を硬めてしまったりします。

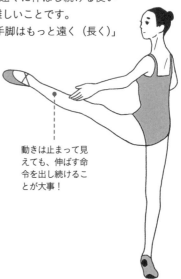

動きは止まって見えても、伸ばす命令を出し続けることが大事！

肘・膝から先で力を発揮すると、体幹に力が入る

ポイントは、肘と膝にあります。

肘から先、膝から先で力を発揮し続けるようにすることで、より大きな力を生み出していけるようになります。

作用反作用の法則で、押したぶんだけ押し返される力が加わるからです。

たとえば、足で床を押すと（作用）、床から押し返される力を体幹が受けます（反作用）。このとき、ポーズの形を変えずに腕や脚にその力を通すことで、押す力と押される力がつり合います。そのおかげで、ポーズがキープしやすくなったり、可動域を広げることができるのです。

要するに、「動かす腕や脚の力に対してつられないようにする」ことができれば、勝手に体幹に力は入るのです。Chapter1で、代償運動を減らすように体を整えたのはこのためです。

「肘から先、膝から先を遠くに伸ばし続ける力（作用）」 **＋** 「動かす手脚の力（作用）に対してつられないようにする（反作用）」

使い方の例：床を押す、膝を伸ばす、プリエ、アロンジェなど、動きをつけたり、力を発揮する使い方

使い方の例：骨盤をズラさない、あばらを閉じる、肩を下げる、反り腰・タックインにならないなど、代償運動を抑えて体幹の骨の位置を適所に調整する使い方

＝

ポーズのキープ力！

体の内側を使って動かし続ける
「インナームーブスキル」

とはいえ、「遠くに伸ばすと意識し続けること、命令を送り続けることは難しい」と 思われるかもしれません。

幸い、これはフィジカル（骨格）の問題ではなく、スキル（自分がどう使うか）の問題なので、一度身につければ繰り返し使えるようになっていきます。自転車も一度乗れれば時間が経っても体が覚えているので乗れますよね。

自転車の補助輪のように「体の内側を使って"意識しなくても"動かし続ける」方法が、「インナームーブスキル」です。

これは、「バレエの腕（アームス）の仕組み×作用・反作用の力の発揮の組み合わせ」を使います。

腕が体幹を支える仕事をさぼらないように、脳に内側のつながりをインストールするかんじです。

内側のつながりがスムーズになりますから、

・体幹を使いやすくする・可動域アップ・関節のつまりをとることが自然にできるようになります。

🌸 やり方は、腕や脚をこするだけ！

やり方自体は、びっくりするほど簡単です。
あるポーズの始めから終わりまでの間、
・肘から先（手首方向）・膝から先（足首方向）
に向かって、一定のスピードでこすり続けるだけです。

> **「こする」目的は？**
> 「こするだけで本当に体幹に指令がいくのか」と思うかもしれませんが、短い時間で、筋膜に命令を出し続けているのです。バレエでは肘や、膝から先を遠くに伸ばし続ける使い方で、つま先や膝を伸ばし、関節の可動域を上げるといった体の使い方をします。刺激を送り続けることで、腕をこすれば「腕─肩甲骨─体幹」、脚をこすれば「脚─骨盤─体幹」の連動を深めています。

インナームーブスキルで体の
内側を使いやすくする3つの条件

インナームーブスキルは、以下の3つの条件さえクリアできれば、いろいろなポーズで応用できます。

❶ 同じ長さ、形のまま、何かを押すor伸ばす

「骨盤がズレる」「あばらが開く」「肩が抜ける」など、外から見える形が明らかに変わってしまううちは、「こする」動きを足しても、外側だけが動きやすくなります。「外側からは動いて見えない」状態で、「こする」動きを足していくと、「内側を動かす」動力として発揮されます。

❷ 一定時間に対する刺激の回数を増やす

皮膚をこする刺激を送る頻度が高いほど、より滑らかな動きになります。理想は、1秒間に2〜3回以上です。パラパラ漫画を1ページずつ細かくめくるのと、大ざっぱにめくるのでは、動きの滑らかさが違いますよね。命令を細かく出し続けるほど体はそれに従いやすくなります。

似た使い方の例：アーティスティックスイミングに、逆立ちの状態で手で水をかき、脚を上げる技があります。水を高速でかくことによって、体幹を安定させて脚を上げやすくしています。

❸ 刺激を入れ続けながら他のパーツを動かす

腕をこすりながら、「動き続ける」ことが大切です。たとえば、バレエでは腕で体幹を支えながら脚を動かした場合と、そうではない場合とでは、体の使われるパーツが違います。もちろん、前者のほうが、股関節がよく動くなど、体の連動がうまくいきます。

例：ロン・デ・ジャンブでお尻がズレる（とくに横から後ろ）、デヴェロッペで膝が伸びない、前ももを使って脚をあげてしまうなどの問題があるときは、バーを持つ腕の下をこすりながら体を動かしてみましょう（参考P66）。

レッスンですぐ使える！
インナームーブスキル基本5選

バレエでよく使う5つの動きをインナームーブスキルで使いやすい状態にしましょう。動きの質が各段に上がります！

〈 基本形❶ 〉腕と体幹をつなぐ

腕を降ろして休憩をはさみ、
左右3セット

1 指を下に向けて、壁に手のひらをつけます。

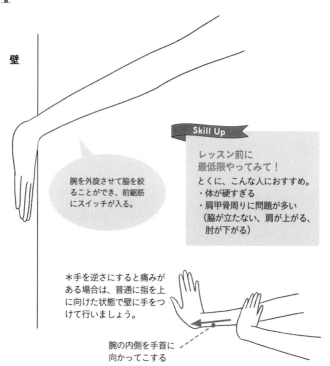

壁

腕を外旋させて脇を絞ることができ、前鋸筋にスイッチが入る。

Skill Up

レッスン前に
最低限やってみて！
とくに、こんな人におすすめ。
・体が硬すぎる
・肩甲骨周りに問題が多い
（脇が立たない、肩が上がる、
肘が下がる）

＊手を逆さにすると痛みがある場合は、普通に指を上に向けた状態で壁に手をつけて行いましょう。

腕の内側を手首に
向かってこする

2 肘から手先に向かって一方向に、10秒間こすります。

こするスピードは1秒間に2〜3回以上

ホコリを払うようにサッサッサッと早く動かすのがコツ

手のひらは指先まで伸ばして

★こする位置は、肘から小指側

脇が立ちやすくなる------→

★なぜ腕と体幹がつながるの？

前鋸筋が使える

3 肘から手先に向かって一方向にこすりながら、指を広げたり、手をすぼめる動作を繰り返す。

肘の内側が張りやすくなる

★手のひらに少しくぼみができるように指を寄せる、開くを数回繰り返す

体幹が安定！バーやフロアで安定して動ける!!

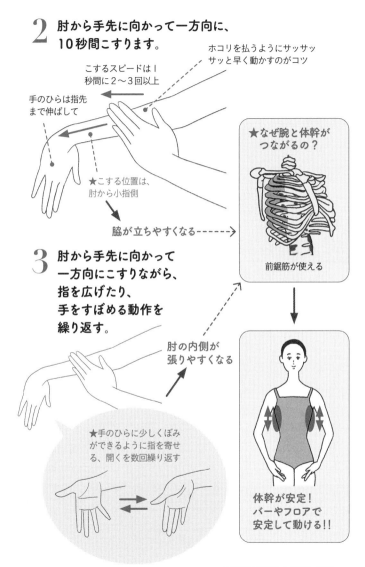

反対側も同じように行います。

〈 基本形❷ 〉骨盤を立たせる

1 あぐらをかいて座ります。

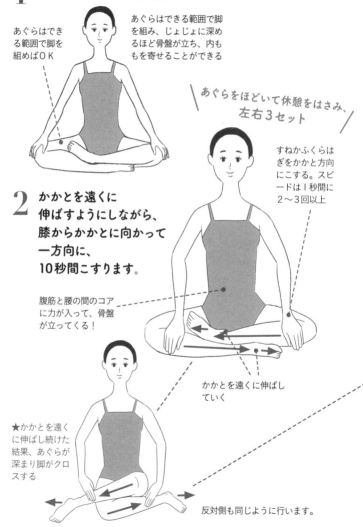

あぐらはできる範囲で脚を組めばOK

あぐらはできる範囲で脚を組み、じょじょに深めるほど骨盤が立ち、内ももを寄せることができる

あぐらをほどいて休憩をはさみ、左右3セット

2 かかとを遠くに伸ばすようにしながら、膝からかかとに向かって一方向に、10秒間にこすります。

すねかふくらはぎをかかと方向にこする。スピードは1秒間に2～3回以上

腹筋と腰の間のコアに力が入って、骨盤が立ってくる!

かかとを遠くに伸ばしていく

★かかとを遠くに伸ばし続けた結果、あぐらが深まり脚がクロスする

反対側も同じように行います。

★なぜ骨盤が立つの？

❶軽くあぐらをかいた状態（左足上、右足下）から脚を伸ばすと、図のように5番をしたときと同じような形になります。

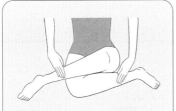

❷「ひざ下をこする＋かかとを遠くに伸ばし続ける」ことで、内ももを使って骨盤が立ってきます。

point

無理に脚を深く組もうとしても、効果は見込めません。お尻や姿勢は動かさず、「ひざ下をこする＋かかとを遠くに伸ばし続ける」を行い、ターンアウトの力がじょじょに上がると、骨盤が立った上で深いあぐらができるようになります。

❸❷の動作は、5番ポジションにするときに、床を押しながらかかとを遠くにするように両足を寄せることで軸が集まるのと同じ仕組みです。なので、5番やターンアウトのキープに役立ちます！

〈 基本形 ❸ 〉 脚と体幹をつなぐ（脚を長く使う）

基本形❷の進化系です。ターンアウトを深め、脚を体幹から使えるようにつなげます。基本形❷で骨盤を立ててからのほうがやりやすいです。

1 片方の膝を、もう片方の膝に乗せるイメージで、深めにあぐらをかくような形にします。

片方のお尻が上がってもOK。

2 一方の手は膝、もう片方の手でふくらはぎを膝からかかとに向かって一方向に、10秒間こすりながら、足首を回します。

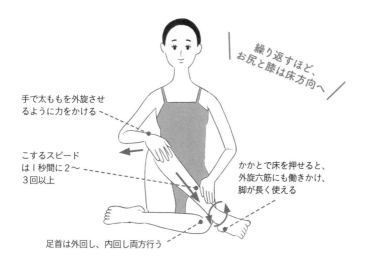

繰り返すほど、
お尻と膝は床方向へ

手で太ももを外旋させるように力をかける

こするスピードは1秒間に2〜3回以上

かかとで床を押せると、外旋六筋にも働きかけ、脚が長く使える

足首は外回し、内回し両方行う

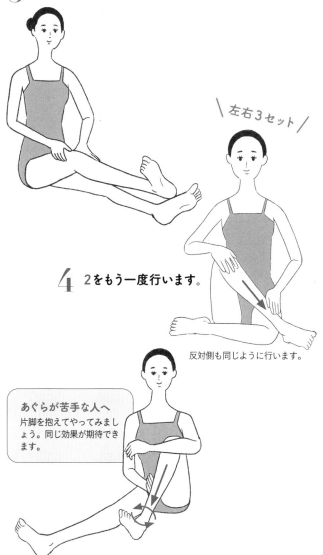

3 あぐらをほどいて休憩。

\ 左右3セット /

4 2をもう一度行います。

反対側も同じように行います。

あぐらが苦手な人へ
片脚を抱えてやってみましょう。同じ効果が期待できます。

〈 基本形❹ 〉胸椎を回旋する

目的：胸椎の回旋を活かしてターンアウト強化、上半身と
腕の連動の強化（第4ポール・ド・ブラなど）、あばらを締
める（アチチュードで脚を内側に持っていきやすくする、
アラベスクで脚を上げるときに体が開きにくくする）など

1 指を下に向け、壁に手のひらをつけて、
肘から先を伸ばして壁を押します。

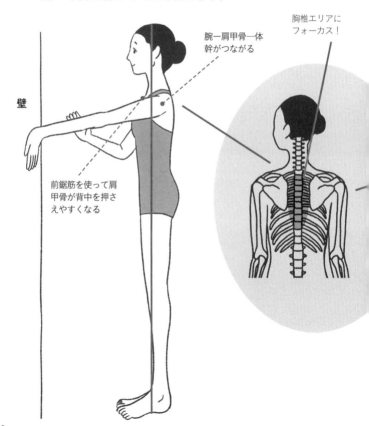

腕―肩甲骨―体
幹がつながる

胸椎エリアに
フォーカス！

壁

前鋸筋を使って肩
甲骨が背中を押さ
えやすくなる

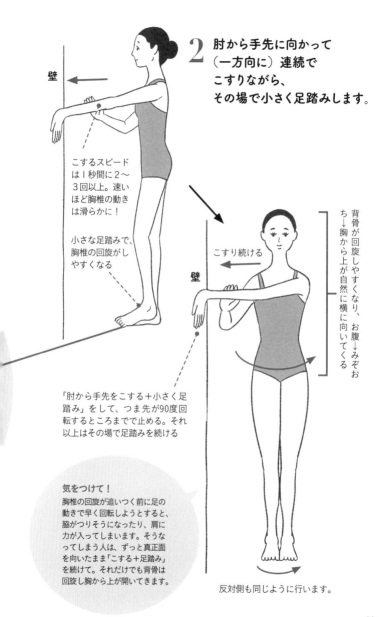

2 肘から手先に向かって
（一方向に）連続で
こすりながら、
その場で小さく足踏みします。

壁 ←

こするスピード
は１秒間に２～
３回以上。速い
ほど胸椎の動き
は滑らかに！

小さな足踏みで、
胸椎の回旋がし
やすくなる

こすり続ける

壁

背骨が回旋しやすくなり、お腹→みぞおち→胸から上が自然に横に向いてくる

「肘から手先をこする＋小さく足
踏み」をして、つま先が90度回
転するところまでで止める。それ
以上はその場で足踏みを続ける

気をつけて！
胸椎の回旋が追いつく前に足の
動きで早く回転しようとすると、
脇がつりそうになったり、肩に
力が入ってしまいます。そう
なってしまう人は、ずっと真正面
を向いたまま「こする＋足踏み」
を続けて。それだけでも背骨は
回旋し胸から上が開いてきます。

反対側も同じように行います。

〈 基本形❺ 〉足指・足首の強化（甲だしワーク）

目的：足指を強化して甲を出してルルベをする、足指を伸ばしたまま使いやすくする、足裏強化、足首の柔軟性アップ

● 足指の強化

1 **足をクロスして立ちます。**
上にかけた足はつま先立ち（ドゥミ）にします。

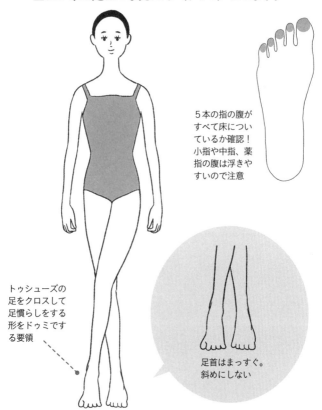

5本の指の腹がすべて床についているか確認！小指や中指、薬指の腹は浮きやすいので注意

トゥシューズの足をクロスして足慣らしをする形をドゥミをする要領

足首はまっすぐ。斜めにしない

2 肘から手先に向かって一方向にこすりながら、ドゥミプリエ。

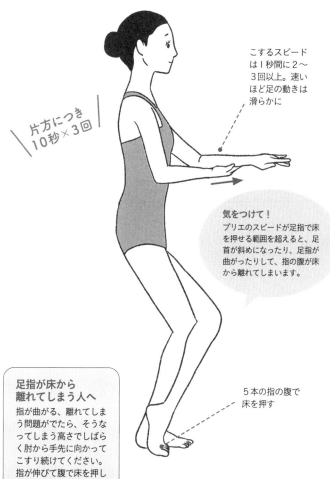

こするスピードは1秒間に2〜3回以上。速いほど足の動きは滑らかに

片方につき
10秒×3回

気をつけて！
プリエのスピードが足指で床を押せる範囲を超えると、足首が斜めになったり、足指が曲がったりして、指の腹が床から離れてしまいます。

**足指が床から
離れてしまう人へ**
指が曲がる、離れてしまう問題がでたら、そうなってしまう高さでしばらく肘から手先に向かってこすり続けてください。指が伸びて腹で床を押しやすくなります。指の腹で押せたらプリエを深くしてもOKです。

5本の指の腹で
床を押す

反対側も同じように行います。

プリエで"内側"が
使いやすくなる

目的：プリエで膝を横に張る
（ターンアウト強化）、床を押
す、アキレス腱を伸ばす

【 1番プリエ 】

1 肘から手先に
向かってこすりながら、
プリエしていきます。

2 グランプリエの
手前まで下がります。

\ 片方につき /
10秒×3回

腕の下をこする

バーの手は
押し続ける

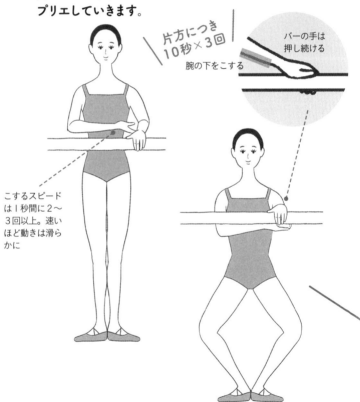

こするスピード
は1秒間に2〜
3回以上。速い
ほど動きは滑ら
かに

反対側も同じように行います。

【 4番、5番プリエ 】

4番、5番は「骨盤がズレやすい」「重心がブレやすい」という悩みが起こりやすいもの。そのチューニングにもってこいです。

1 肘から手先に向かってこすりながら、プリエしていきます。

＊4番を例にしています。

こするスピードは1秒間に2〜3回以上。速いほど動きは滑らかに

股関節の動きがスムーズに！

4番、5番プリエで行うと、バーを持つ手（こすられている腕）と同じ側の脚がプリエしやすくなります。右前の4番なら、右手をこすれば前脚の股関節が、左手をこすれば後ろ脚の股関節が回りやすくなります。

片方につき
10秒×3回

2 グランプリエの手前まで下がります。

Skill Up

グランプリエでかかとがすぐに浮くのを防ぐことができるので、アキレス腱が十分伸びて、床を押せる

反対側も同じように行います

〈まとめ〉インナームーブスキル早見表

	こんな人向け
❶ 腕と体幹をつなぐ （前鋸筋のワーク）▶P56 	肩甲骨が動かせない 肩が上がる 肘が下がる フロアでグラグラする バランスがとれない
❷ 骨盤を立たせる （内もも、下っ腹・丹田に 力を入れるワーク）▶P58 	腹筋が弱い 開脚や前屈が苦手 脚の付け根から前屈できない 4番・5番が苦手 脚が外に広がる*
❸ 脚と体幹をつなぐ（脚を長く使う） （床を押す＋ターンアウト 強化のワーク）▶P60 	股関節が硬い ターンアウトが苦手 床が押せない
❹ 胸椎を回旋する （体幹のスパイラルを 入れる、骨盤を開かずに あばらを締めるワーク） ▶P62 	背中が硬い あばらが開く アチチュードが苦手 脚が上がらない 4番・5番が苦手 開脚で脚が開かない
❺ 足指・足首の強化 （甲だしワーク）▶P64 	足首が弱い 足首が硬い 足指が弱い 甲が出ない

セッティング	こする位置	動かすパーツ
指を下に向けて手首を反らし、肘を伸ばしたまま壁や太ももを押さえる	肘の内側→手首（小指側）	手指をパーに伸ばしたり、指を伸ばしたまま手のひらをすぼめる（土踏まずを持ち上げる使い方を手で行う）
あぐら（できれば足首フレックス）	膝→足首（ふくらはぎ ORすね）	体を挟むようにかかとを寄せ合う（内ももを使って脚を寄せることができる）
脚を組む OR 片膝を立てて抱える＋かかとで床を押す	膝→足首（ふくらはぎ ORすね）	足首を回す（内回し、外回し3〜5回）
❶と同じ（壁を押さえる）	肘の内側→手首（小指側）	足踏みをしながら、つま先を90度まで回転。そのままその場で足踏みを続けると結果的に体が外旋する ＊自分で回旋しない
脚をクロスし、上にかけた足はつま先立ち	肘の内側→手首（小指側）	膝・股関節（後ろの膝で前の膝を押すようにドゥミプリエ）

＊脚が外に広がる…脚を伸ばす動きのときに、まっすぐ伸ばしているつもりでも外側に広がってしまいがちなことを指します。1番で膝同士がつかない、O脚になりやすい、小指体重、体をまっすぐに保ったまま脚を寄せられないので5番にするときにお尻がズレるなどの問題に。

インナームーブスキル早見表　使い方のポイント

　インナームーブスキルは「こする」位置の違いによって、体の連動する部分への影響が違います。自分がやりにくい部分に該当するインナームーブを行うと体勢がスムーズになり、腹圧キープに活かしやすくなります。

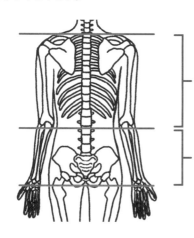

上半分のやりにくさ：
腕と体幹の連動による影響が大きい→肘〜手首をこする

下半分のやりにくさ：
脚と体幹の連動による影響が大きい→膝〜足首をこする

使い方の例

☆たとえば、1章のチューニングで、やりにくい部分があったら、そこに該当する箇所を「こする」というアクションを入れるとスムーズになります（①〜⑤の番号は早見表の基本形に該当します）。

動きの中で骨盤がズレるのを抑える「お腹を縦に伸ばす」チューニング▶P16

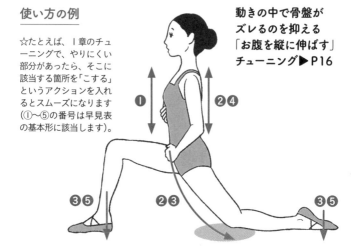

「肩甲骨と骨盤を連動させる」
チューニング▶P30

「骨盤底筋を活かして可動域を上げる」
チューニング▶P38

プランク編▶P42

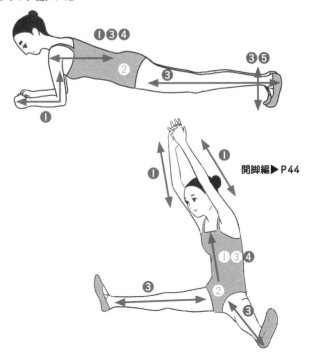

開脚編▶P44

神経回路×体幹トレーニング
バグとりエクササイズ

バグとりエクササイズは、「動かしたいところが動かせないせいで起こる不具合」を取り除いて、動きを滑らかに連動させる方法です。

まず、バグとりエクササイズの「バグ」とは何か。

それは、プログラム上にある不具合のことです。

私たちが何かしら体を動かすときは、脳のプログラムによって動いていますね。それは、踊りやストレッチなどの「動き」でも同様です。たとえば、「ここをこうやって動かそう」「動かすところ以外は姿勢を保つために止めておこう」「この順番で体を動かそう」といった感じにプログラムして行われています。

しかし、その通りにいかず、プログラムに不具合が起こると、やりづらい動きが生じるわけです。

アラベスクを例にしてみましょう。これらが「バグ」にあたります。

バグとりエクササイズは、神経回路のトレーニングと、体幹トレーニング両面を併せ持ち、脳のプログラムの不具合から生じるやりづらさを取り除くことができるのです。

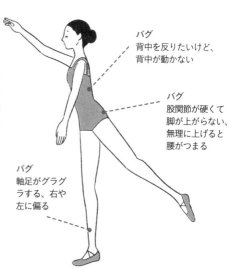

バグ
背中を反りたいけど、背中が動かない

バグ
股関節が硬くて脚が上がらない、無理に上げると腰がつまる

バグ
軸足がグラグラする、右や左に偏る

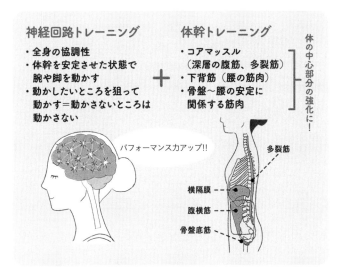

神経回路トレーニング

・全身の協調性
・体幹を安定させた状態で腕や脚を動かす
・動かしたいところを狙って動かす＝動かさないところは動かさない

バフォーマンスカアップ!!

＋

体幹トレーニング

・コアマッスル（深層の腹筋、多裂筋）
・下背筋（腰の筋肉）
・骨盤～腰の安定に関係する筋肉

体の中心部分の強化に！

多裂筋

横隔膜

腹横筋

骨盤底筋

🌸 バグ取りエクササイズ活用法

　今回は、縦方向の動きを改善するバージョンと、横方向の動きを改善するバージョンの２つをご紹介します。

・縦方向改善バージョン（バーチカルver.）：手脚を互い違いに伸ばす動き。第１アラベスクなど脚を縦方向に上げてバランスを取ること、回転系、軸足が動脚につられないように脚をセパレートして使う動きなどにおすすめ。

・横方向改善バージョン（ラテラルver.）：縦方向＋脚を横に伸ばす動き。脚を横に上げる動き全般、開脚などにおすすめ。

　第一段階として、この２つをスムーズにこなせることを目指しましょう。できる範囲で連続して行えるようになると、神経回路のトレーニングをしながら、下っ腹や腰まわりなど体のコア部分がより鍛えられます。Chapter 3でご紹介するセンターの動きは、ほぼやりやすくなるはずです。

バグとりエクササイズ

●縦方向改善バージョン（バーチカルver.）：
腕と脚を互い違いに伸ばす。

準備

仰向けで行います。

これらが
苦手な人はとくに◎

● 第1アラベスク
● 脚を上げてバランスを
　とる
● ストレッチ全般
● スピンやターンなど

股関節、膝、
足首を90度
に曲げる

腕を天井に向
かって伸ばす

足首だらんや、膝の曲がり
すぎは、股関節や前ももに
負担がかかるので注意して

腰を床につける。浮きすぎはNG

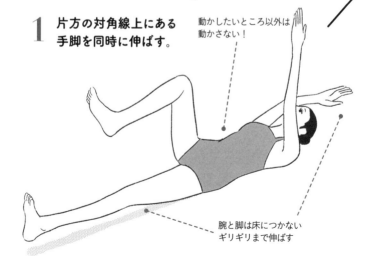

1 片方の対角線上にある
手脚を同時に伸ばす。

動かしたいところ以外は
動かさない！

腕と脚は床につかない
ギリギリまで伸ばす

74

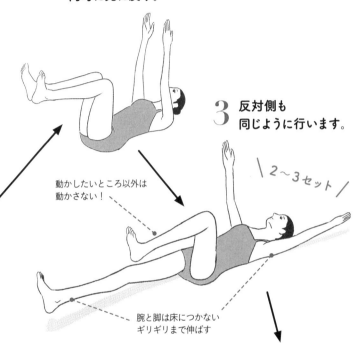

2 腕と腿が伸びきったら
同時に元に戻す。

3 反対側も
同じように行います。

\ 2〜3セット /

動かしたいところ以外は
動かさない！

腕と脚は床につかない
ギリギリまで伸ばす

Skill Up

自分が動かしたくなくても、勝手に動くパーツがあることが、やりたいポーズやストレッチなどでの動きづらさに関係します。このバグをコントロールできると、無駄な動きが減っていきます。人に見てもらうか、自分で動画を撮って確認してみましょう。

4 腕と腿が伸びきったら
同時に元に戻す。

● 横方向改善バージョン（ラテラルver.）：縦方向＋脚を横に伸ばす。

全体像は以下のような動きになります。

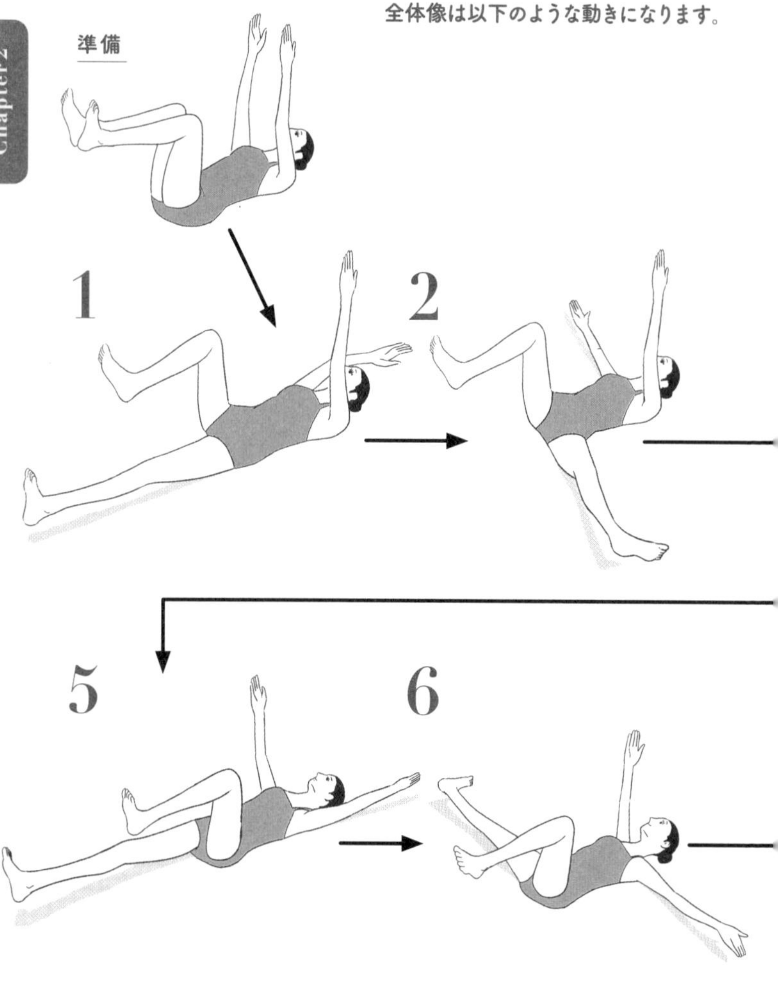

準備

1

2

5

6

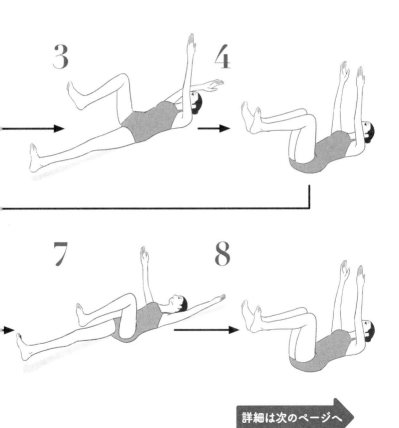

これらが苦手な人はとくに◎

- 開脚
- 脚を横（アラスゴンド）に上げるなど

3

4

7

8

詳細は次のページへ

準備

仰向けで行います。

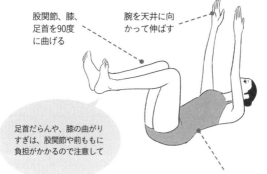

股関節、膝、足首を90度に曲げる

腕を天井に向かって伸ばす

足首だらんや、膝の曲がりすぎは、股関節や前ももに負担がかかるので注意して

腰を床につける。浮きすぎはNG

1　片方の対角線上にある手脚を同時に伸ばす。

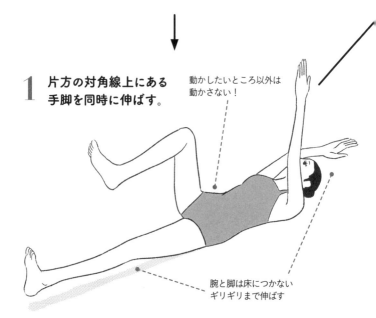

動かしたいところ以外は動かさない！

腕と脚は床につかないギリギリまで伸ばす

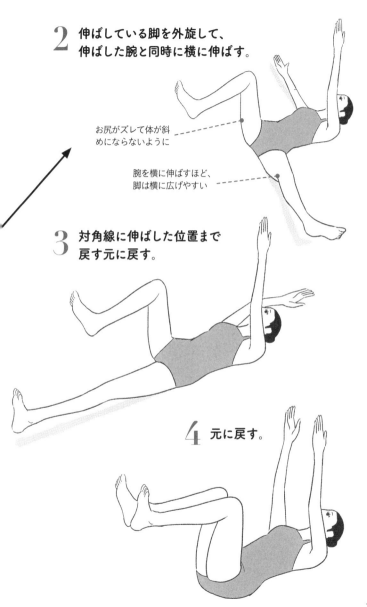

2 伸ばしている脚を外旋して、
伸ばした腕と同時に横に伸ばす。

お尻がズレて体が斜
めにならないように

腕を横に伸ばすほど、
脚は横に広げやすい

3 対角線に伸ばした位置まで
戻す元に戻す。

4 元に戻す。

5 反対側も同じように行います。

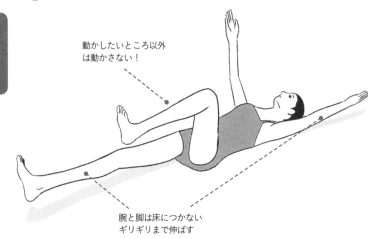

動かしたいところ以外
は動かさない！

腕と脚は床につかない
ギリギリまで伸ばす

6 伸ばしている脚を外旋して、
伸ばした腕と同時に横に伸ばす。

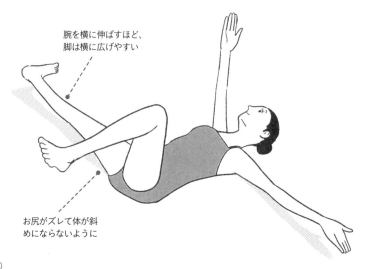

腕を横に伸ばすほど、
脚は横に広げやすい

お尻がズレて体が斜
めにならないように

7 対角線に伸ばした位置まで戻す。

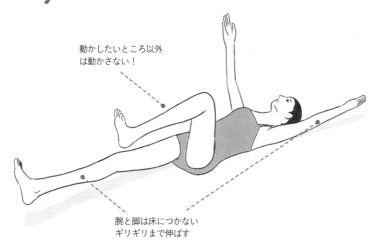

動かしたいところ以外
は動かさない！

腕と脚は床につかない
ギリギリまで伸ばす

8 元に戻す。

＼ 2〜3セット ／

時短チューニング

〈 応用 〉
バグとりエクササイズ×
インナームーブスキル

バグとりエクササイズとインナームーブスキルは個別に行って
も、もちろん効果がありますが、それぞれの動きに慣れてきたら、
「バグとりをしながら、肘から手首をこする（インナームーブ）」
の合わせ技にチャレンジしてみてください。

バグとりで体幹を強化と神経回路トレーニングを行いながら、
インナームーブを加えることで、体の内側の筋肉が使いやすくな
るタイパのよい時短チューニングになります。バグとりエクササ
イズだけでは、効いている感覚が薄い人にもおすすめです。

●「バグとり」縦方向改善バージョン（バーチカル ver.）×インナームーブ

流れはP74～75の「バ
グとりエクササイズ縦
方向改善バージョン」
と同じです。

準備
仰向けで行います。

腕を天井に向
かって伸ばす

足首だらんや、膝の曲がり
すぎは、股関節や前ももに
負担がかかるので注意して

股関節、膝、
足首を90度
に曲げる

腰を床につける。浮きすぎはNG

＋インナームーブ

肘→手首をこすり続ける

1 腕と脚を互い違いに伸ばします。
伸ばした腕の肘から手首に
向かって速いスピードで
こすります。

動かしたいところ以
外は動かさない！

脚の付け根から下っ腹にか
けて力が入ったらOK！

腕と脚は床につ
かないギリギリ
まで伸ばす

脚は内側、外側
に何度かひねる

さらにコアが強化され、腕を働かせてバランスを取る力がアップします。アラベスク・回転系・前屈・5番に集める・ポワントワークなどにとくにおすすめ。

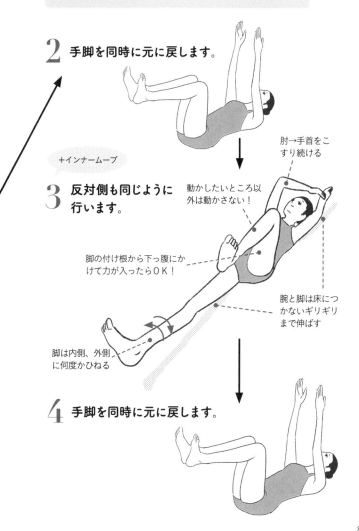

2 手脚を同時に元に戻します。

+インナームーブ

3 反対側も同じように行います。

肘→手首をこすり続ける

動かしたいところ以外は動かさない！

脚の付け根から下っ腹にかけて力が入ったらOK！

腕と脚は床につかないギリギリまで伸ばす

脚は内側、外側に何度かひねる

4 手脚を同時に元に戻します。

●「バグとり」横方向改善バージョン（ラテラルver.）×インナームーブ

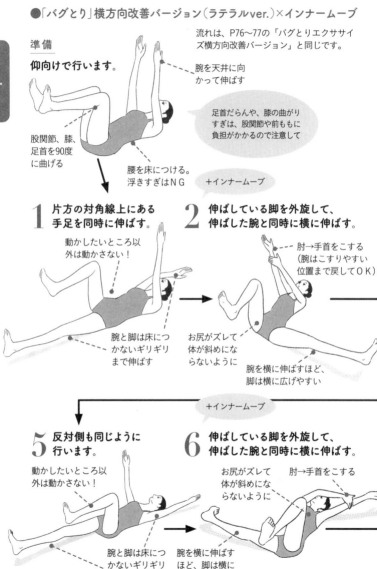

準備

仰向けで行います。

流れは、P76〜77の「バグとりエクササイズ横方向改善バージョン」と同じです。

腕を天井に向かって伸ばす

足首だらんや、膝の曲がりすぎは、股関節や前ももに負担がかかるので注意して

股関節、膝、足首を90度に曲げる

腰を床につける。浮きすぎはNG

+インナームーブ

1 片方の対角線上にある手足を同時に伸ばす。

動かしたいところ以外は動かさない！

腕と脚は床につかないギリギリまで伸ばす

2 伸ばしている脚を外旋して、伸ばした腕と同時に横に伸ばす。

肘→手首をこする（腕はこすりやすい位置まで戻してOK）

お尻がズレて体が斜めにならないように

腕を横に伸ばすほど、脚は横に広げやすい

+インナームーブ

5 反対側も同じように行います。

動かしたいところ以外は動かさない！

腕と脚は床につかないギリギリまで伸ばす

6 伸ばしている脚を外旋して、伸ばした腕と同時に横に伸ばす。

お尻がズレて体が斜めにならないように

肘→手首をこする

腕を横に伸ばすほど、脚は横に広げやすい

横方向への動きがさらにやりやすくなり、股関節のコントロール力がアップします。横開脚・アラセゴンドに脚を上げる・パッセでターンアウトを保つ・アチチュードなどにとくにおすすめ

+インナームーブ

3 対角線に伸ばした位置まで戻す元に戻す。

こすり続ける

4 元に戻す

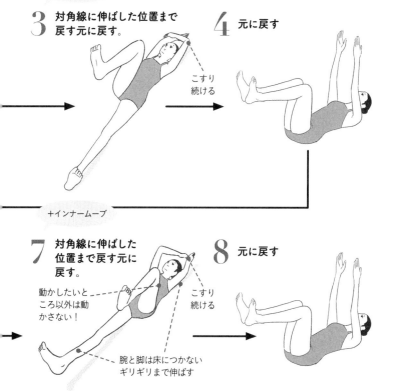

+インナームーブ

7 対角線に伸ばした位置まで戻す元に戻す。

動かしたいところ以外は動かさない！

こすり続ける

腕と脚は床につかないギリギリまで伸ばす

8 元に戻す

●縦方向改善の変形「バグとり」
スプリットバージョン×インナームーブ

P74の「バグとり縦方向改善バージョン」に、曲げた膝を胸に引き寄せる動きをプラスしたエクササイズです。

Skill Up

バグとり縦方向改善バージョンのメリットに加え、Y字バランスなど片脚を高く上げるポーズのバランスやキープ・前後開脚・片脚立ちの安定などに効果的。

準備

仰向けで行います。

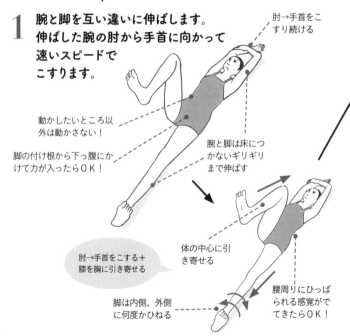

腕を天井に向かって伸ばす

股関節、膝、足首を90度に曲げる

足首だらんや、膝の曲がりすぎは、股関節や前ももに負担がかかるので注意して

腰を床につける。浮きすぎはNG

1 腕と脚を互い違いに伸ばします。伸ばした腕の肘から手首に向かって速いスピードでこすります。

肘→手首をこすり続ける

動かしたいところ以外は動かさない!

脚の付け根から下っ腹にかけて力が入ったらOK!

腕と脚は床につかないギリギリまで伸ばす

肘→手首をこする+膝を胸に引き寄せる

体の中心に引き寄せる

脚は内側、外側に何度かひねる

腰周りにひっぱられる感覚がでてきたらOK!

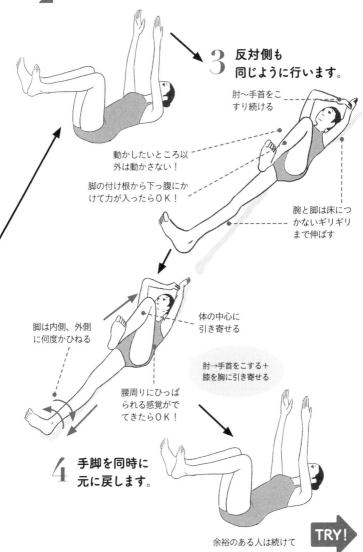

2 手脚を同時に元に戻します。

3 反対側も同じように行います。

肘〜手首をこすり続ける

動かしたいところ以外は動かさない！

脚の付け根から下っ腹にかけて力が入ったらOK！

腕と脚は床につかないギリギリまで伸ばす

脚は内側、外側に何度かひねる

体の中心に引き寄せる

肘→手首をこする＋膝を胸に引き寄せる

腰周りにひっぱられる感覚がでてきたらOK！

4 手脚を同時に元に戻します。

余裕のある人は続けて

TRY!

87

Extra もっと体の連動と バランス力を高めたい人へ
同じ側の手脚を伸ばすバージョン

続けて、同じ側の手足を伸ばすバージョンを行う と、体の内側の連動や安定性が増します。

Skill Up

前ページのエクササイズ のメリットに加えて、第 2アラベスクのような同 じ側の手脚を動かすポー ズや振りにとくに効果的。

準備

仰向けで行います。

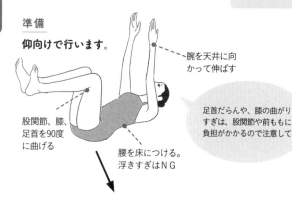

腕を天井に向 かって伸ばす

股関節、膝、 足首を90度 に曲げる

足首だらんや、膝の曲がり すぎは、股関節や前ももに 負担がかかるので注意して

腰を床につける。 浮きすぎはNG

1 同じ側の腕と脚を伸ばします。 伸ばした腕の肘から手首に向かって 速いスピードでこすります。

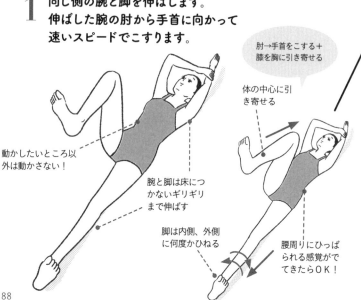

肘→手首をこする+ 膝を胸に引き寄せる

体の中心に引 き寄せる

動かしたいところ以 外は動かさない！

腕と脚は床につ かないギリギリ まで伸ばす

脚は内側、外側 に何度かひねる

腰周りにひっぱ られる感覚がで てきたらOK！

88

2 手脚を同時に元に戻します。

3 反対側も
同じように行います。

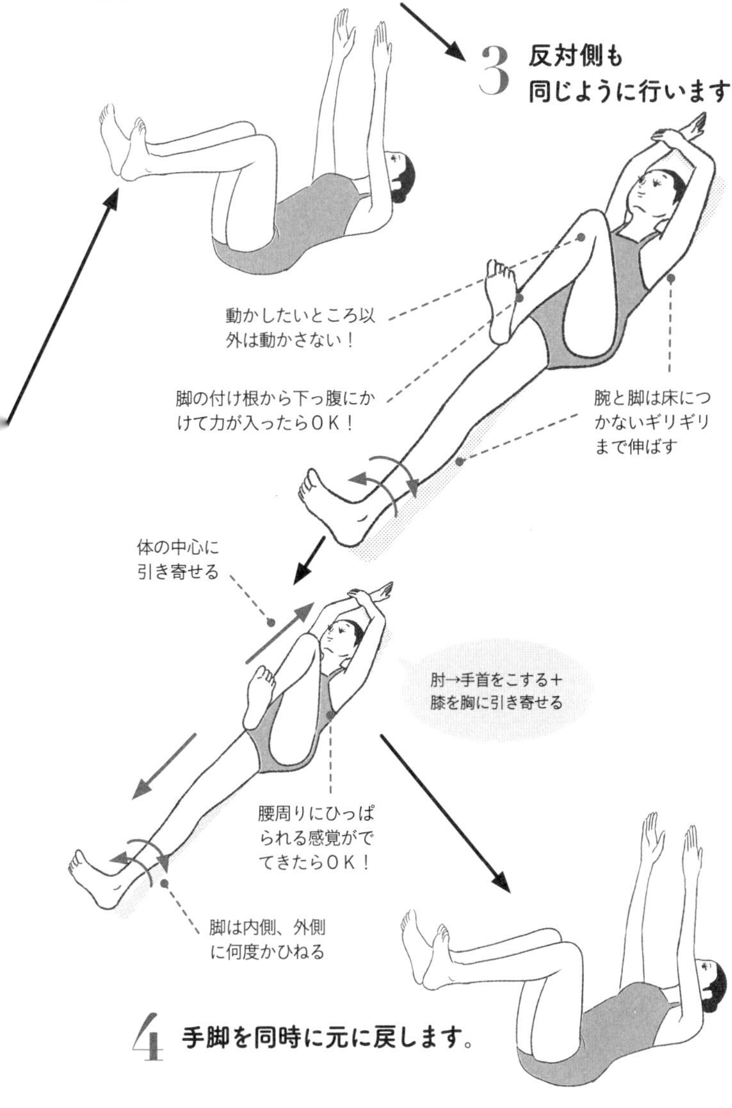

動かしたいところ以
外は動かさない！

脚の付け根から下っ腹にか
けて力が入ったらOK！

腕と脚は床につ
かないギリギリ
まで伸ばす

体の中心に
引き寄せる

肘→手首をこする＋
膝を胸に引き寄せる

腰周りにひっぱ
られる感覚がで
てきたらOK！

脚は内側、外側
に何度かひねる

4 手脚を同時に元に戻します。

ピンポイントチューニング

苦手なポーズ×バグとり×苦手なポーズ

　バグとりエクササイズの前後で苦手なポーズをサンドイッチすることで、ポーズの修正をすることができます。

Before：苦手なポーズの現在地を確認

　最初に課題になるポーズを行います。正しいフォームでやろうとしたときに「動きづらく感じる場所」や「バグ（不具合）」を見つけるために行います。

例：アラスゴンドに脚上げ

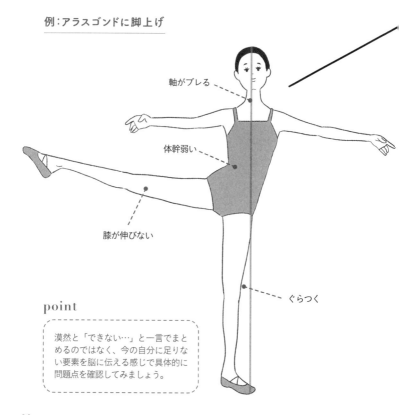

軸がブレる

体幹弱い

膝が伸びない

ぐらつく

point

漠然と「できない…」と一言でまとめるのではなく、今の自分に足りない要素を脳に伝える感じで具体的に問題点を確認してみましょう。

バグとりエクササイズ、もしくは、バグとりエクササイズ×インナームーブスキルを行います。

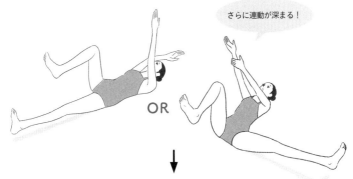

さらに連動が深まる！

OR

After：もう一度Beforeと同じポーズを行います。

最初よりもバランスが安定したり、手脚をつなげて使いやすくなるぶん、やりやすくなるでしょう。

最低2〜3セット！
上限は直すところがなくなるまで。本来使われるべき部分が強化されて、だんだんと動きが洗練されていきます。

＊大きな変化がなくても「バランスがちょっとラク」とか「上げた脚がさっきより軽いかも」くらいで構いません。感覚がわかりづらい人は、ビフォー、アフターを動画に撮ってみると動きの変化が見られて楽しいです。

上達の近道:
フォームは動画でチェックしよう!

自分のフォームをチェックするための最強ツールは動画です。鏡を見て完璧にメイクしたはずなのに、写真に写った自分の顔にがっかり…なんて経験はありませんか?

それと同じで、レッスン中、鏡で見る自分は、自分が見たい一番きれいな瞬間のポーズだけを見るので、問題点があまり発見できません（脳内の高精度な補正機能が、鏡に映った瞬間に理想の自分に修正するという説があります）。

・自分が思っているよりも、腕を高く上げている

・自分が思ってるよりも、お尻をズラして脚を伸ばしている

・自分が思ってるよりも、ヘソが横に向いた状態で
　脚を上げている

動画で見ると
問題点が浮き彫りに!

こういった無意識に行っている動きの誤りを、動画だったら見つけやすいのです。自分を俯瞰して見ることで、先生が見ているような視点で自分の動きをチェックできるので、修正する効率がよくなります。

自主練など自分で環境がコントロールできるときに、ぜひ試してみてください。

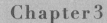

Chapter 3

大人からでも進化できる！
センターレッスン
憧れのパの対策

センターでは腹圧のキープが さらに大事！

バレエをやっているのであれば、バーレッスンで完結せず「センターレッスン」もできるようになりたいものですよね。

でも、「何年やっても上達しない…」「センターになるとできない」「ポール・ド・ブラがペラペラで優雅に見えない…」。

そんなお悩みを、バレエを大人から始めた方からよくうかがいます。

バーレッスンでは「それらしく見える」。けれども、センターレッスンでは大幅に崩れる、できない。

その原因の1つに、腹圧、体幹が弱いことがあげられます。

プロのダンサーのレッスン風景を動画などで拝見すると、胴回りの強さに目を奪われることがしばしばあります。

手脚や首などは軟らかく動くのに対し、胴周辺はびくともしない。腹圧をキープしていることがわかるのですね。

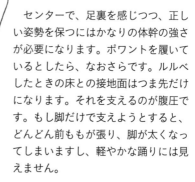

センターで、足裏を感じつつ、正しい姿勢を保つにはかなりの体幹の強さが必要になります。ポワントを履いているとしたら、なおさらです。ルルべしたときの床との接地面はつま先だけになります。それを支えるのが腹圧です。もし脚だけで支えようとすると、どんどん前ももが張り、脚が太くなってしまいますし、軽やかな踊りには見えません。

Chapter 3は、センターの代表的なパ（バレエの動きの総称）を中心に、「体幹を使いながら動けるようになる」対策を解説します。ヴァリエーションの中にもたくさんでてくる動きです。

　バレエの体の使い方は、ふだんの体の使い方とはまったく違います。脳や神経、筋肉のつながりを、新たに構築しなくてはなりません。大人にとっては結構大変な作業をやっているのですね。
　しかもほとんどの人が仕事や子育てなどがあり、限られた時間の中で上達を目指します。そうなると、レッスンの「質」が大事になってくるとわかりますよね。間違ったフォームでレッスンを繰り返せば、変な筋肉がついてしまったり、体を痛めてしまったりすることもあります。
　最初から最高レベルの「質」に到達することは難しいかもしれませんが、Chapter1と2でご紹介した体幹のチューニングを、その対策として少しずつ取り入れて、体を整えてからレッスンに臨んでみてください。腹圧をかけて床を押して立つことができると、腕も張り出すことができて、しなやかな動きの中にも力強さが出てきます。

　また、バーレッスンを疎かにしないことも大切です。正しいバーレッスンこそ、バレエの体作り、技術向上に欠かせないトレーニングです。しかし、「正しく行うための体ができているか」というところに難しさがあります。
　『バーレッスンハンドブック』は、その観点からまとめた1冊でした。本章でお伝えする、主にセンターレッスンを見据えたパの対策とは姉妹的な位置づけになりますので、そちらもぜひ参考になさってください。

　バレエはたとえ、ベテランになっても追及するところは基本であり、基本に終わりはないと言われます。その証拠にプロのカンパニーでもバーレッスンは必ずプリエからスタートしますね。なので、基本を繰り返し見直す、基本を追求していくことが、必ずあなたの上達につながるでしょう。

憧れのパ 1

腕を伸ばして使う、上半身をひねるパ

（アロンジェ、ポール・ド・ブラ、背中を反るポーズなど）

　これらは主に、腕の振りつけに伴う上半身の使い方が大切になってきます。踊りの表現力、見せ方にも関わる部分です。

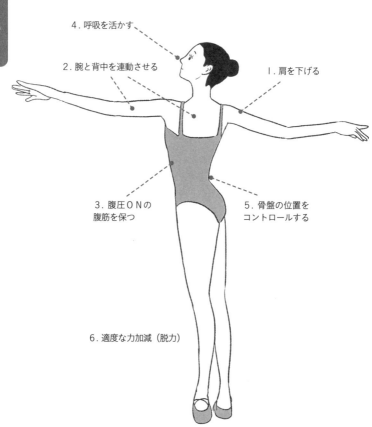

4. 呼吸を活かす

2. 腕と背中を連動させる

1. 肩を下げる

3. 腹圧ONの腹筋を保つ

5. 骨盤の位置をコントロールする

6. 適度な力加減（脱力）

6つの気をつけるポイント

1. 肩を下げる

　肩が上がってしまうと力みが入り、全体的なバランスが崩れます。とくにアロンジェは、腕を自然に伸ばし、肩を下げましょう。

2. 腕と背中を連動させる

　腕だけでなく、背中の筋肉も使って動かすことが大切です。背筋をしっかりと伸ばすことで、上半身の回転と背中の反りをうまくバランスさせることができます。背筋を伸ばすことで、体の中心線を保つことができ、背中を自然に反らしやすくなります。

3. 腹圧ONの腹筋を保つ

　お腹が前に出てしまうという問題は、しっかりと腹筋を使うことで解決できる場合が多いです。腹筋（お腹を張る力）が強いと、背中を反らせる際にもバランスを保ちやすくなります。

4. 呼吸を活かす

　背筋を伸ばしたり、腹圧ONの腹筋を保ったりするには呼吸が欠かせません。息を止めてしまうと、動きが硬くなりがちです。腕を伸ばすなど伸び上がる系の動きは、息を吸うのと一緒に行うと、より自然な流れで行えます。

5. 骨盤の位置をコントロールする

「お腹が前に出てしまう」「出っ尻や反り腰になる」場合、骨盤が必要以上に前に傾いている可能性があります。骨盤の位置を意識し、立っているときは骨盤が垂直になるように調整しましょう。

6. 適度な力加減（脱力）

　ポール・ド・ブラに限った話ではありませんが、腕を伸ばす際には、力を入れすぎず、また力を抜きすぎないことが大切です。適度な脱力は、「動きに対する慣れ」と、「上記1〜5によるフィジカル的な安定度が増す」ほどやりやすくなります。

それぞれの対策

1. **肩を下げる**
   →肩甲骨の意識を育てる、腕と背中を連動させる

   ・肩甲骨と骨盤の連動（前鋸筋ワーク）▶P30
   ・体の内側を動かすインナームーブスキル▶P56

2. **腕と背中を連動させる**
3. **腹圧ONの腹筋を保つ**
4. **呼吸を活かす**
   →腹圧ONの腹筋を保ちやすくする方法

   ・腹圧ONの腹筋を保つ（お腹を縦に伸ばすワーク）▶P16
   ・肩甲骨と骨盤の連動（前鋸筋ワーク）▶P30
   ・骨盤底筋を活かした体幹トレーニング▶P38

5. **骨盤の位置をコントロールする**
   →骨盤の位置のコントロール力を上げる方法

   ・腹圧ONの腹筋を保つ（お腹を縦に伸ばすワーク）▶P16
   ・重心移動ワーク▶P24
   ・肩甲骨と骨盤の連動（前鋸筋ワーク）▶P30
   ・骨盤底筋を活かした体幹トレーニング▶P38
   ・体の内側を動かすインナームーブスキル▶P56
   ・バグとりエクササイズ▶P74

6. **適度な力加減（脱力）**
   →力加減を動きの中でコントロールできるようにする

   ・体の内側を動かすインナームーブスキル▶P56
   ・バグとりエクササイズ▶P74

憧れのパ 2 アラベスク

　バレエの代名詞的な美しいパ、アラベスクは片脚で立って、もう片方の脚を後ろに上げるポーズですが、実際にやるには体全体のバランスと力の配分、そして筋力（腕や体幹、脚を張る力）と柔軟性が求められます。勢いで後ろに脚を上げればなんとかなるものではありません。体の各パーツで起こる問題やその原因を整理して、できるパーツからじょじょに直していくのがおすすめです。

アラベスク（など脚を後ろに上げるパ）でよくある悩み

✘お尻や腰が詰まった感じがする

✘後ろの脚が上がらない

先生からよく指摘される問題

✘骨盤が横に開いてる！
　（ヒラメのようになる）

✘上半身を起こして！
　（頭が前に倒れてしまう）

✘膝が曲がってる！
　（軸足が不安定）

✘足先まできれいに伸ばして！
　（足首が硬い、
　　足指を曲げて使ってしまう）

脚を後ろに上げるポーズ、
共通する6つの原因と気をつけるポイント

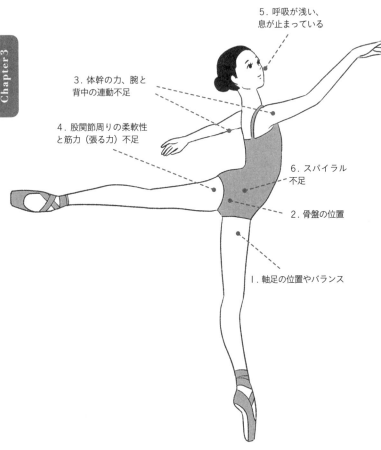

5. 呼吸が浅い、
息が止まっている

3. 体幹の力、腕と
背中の連動不足

4. 股関節周りの柔軟性
と筋力（張る力）不足

6. スパイラル
不足

2. 骨盤の位置

1. 軸足の位置やバランス

✿ アラベスクは、
まず1を見直すことから始めましょう。

1. 軸足の位置やバランス（2〜6の元凶でもある）

✖軸足を置く位置を前に持ってこれない（前重心ができない）

✖軸足の膝が伸ばせない

　そのために、「後ろの脚が上がりにくい」「腰やお尻がつまりやすい」「上半身を起こせない（頭が下がる）」という問題が起こりがちです。

つねにCheck

☐ 足首と膝、腰（お尻）が一直線か

☐ 上げた脚が外に開きすぎていないか

☐ 体重が足の内側に偏りすぎていないか
　（土踏まずをつぶしていないか）

2. 骨盤の位置

　骨盤が適切な位置にないと、

✖お尻や腰が詰まる

✖後ろの脚が上がらない

となります。

　軸足に対して骨盤が後ろ過ぎると、脚を上げるのに股関節だけで上げることになるので、15度前後しか上がらず、お尻も緊張しやすいです。

　軸足に対して骨盤が前過ぎると、骨盤が横に開きやすくなります（4）。脚は上げやすくなりますが、「ヒラメになってる」というような注意が飛んできがちに。骨盤を開きながらの脚上げは、腰痛の原因にもなります。

つねにCheck（1のチェックを踏まえた上で）

☐ 軸足の上に骨盤があるままアラベスクができているか

3. 体幹の力、腕と背中の連動不足

　骨盤の位置が保てないのは、体幹の力や腕と背中の連動が足りないせいで、体のバランスを保つために腰やお尻に余計な力が入るから。これらが不足していると、アラベスクはキープできません。

●強化したいポイント

・腹圧ONの腹筋を保つ
・腕と体幹を連動させて、肩を下げる、腕で体幹を支える
　（バランスをとる）
・体幹を鍛える

　頭が下がってしまう問題では、以下のケースが多いようです。
✖視線が下を向いている
✖腕の位置が高すぎたり、肘が伸びきっている

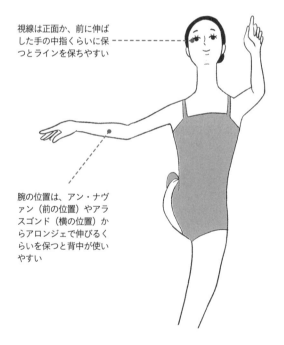

視線は正面か、前に伸ばした手の中指くらいに保つとラインを保ちやすい

腕の位置は、アン・ナヴァン（前の位置）やアラスゴンド（横の位置）からアロンジェで伸びるくらいを保つと背中を使いやすい

４. 股関節周りの柔軟性と筋力（張る力）不足

・ターンアウト
・股関節周りの柔軟性
・膝を伸ばすときに張る力
　（とくに、プリエやフォンデュで膝を伸ばすときの力）
が不足していると股関節周りがうまく使えません。
　　結果として、
✖軸足が定まりにくい
　（体重が内外にグラグラ偏る、膝が曲がる）
✖脚を上げるほど、太ももが内旋して重くなる
　（ぶら下がる感じになる）
　　そのために、腰やお尻のつまり（腰痛）を起こしたり、脚が上げにくくなります。

　　骨盤と股関節が癒着したままの使い方をセパレートすることで、脚を上げるときに股関節が動かしやすくなります。以下の３点にトライしてみましょう。

〇脚の付け根やお尻の筋肉、ハムストリングスのストレッチ
〇バーレッスンのジュテ、フォンデュやプリエで
　お尻をズラさない
〇ターンアウトで付け根を回すことを強化

５. 呼吸が浅い、息が止まっている

　　呼吸が浅かったり、息を止めていたりしていると、筋肉の表面的な緊張が起きて動きが硬くなりがちです。
　　ここまでの原因（１〜４）に対処できている前提で、
・脚を上げるときは息を吸うほうが、脚はスーッと上げやすくなります。
・キープにはゆっくり吐く息と素早く吸う呼吸を組み合わせると筋肉が硬くなりにくいです。

6. スパイラル不足

　アラベスクに限らず、脚を上げていくテクニック全般に言えることですが、ターンアウトを活かして体を絞ること（スパイラル）が足りていないと、脚を上げるときに、
✖あばらが開く
✖肩甲骨が上がる（肩が上がる）
✖骨盤がズレる（骨盤開く、お尻が動く）
ようになります。

　そのために、以下のような問題が起こりやすくなります。
・脚は上げやすくなるけど「ヒラメになってる」と注意されやすい（体が横向きになって次のパに移れない）
・脚が腰にぶら下がるので、腰からお尻にかけての腰痛になりやすい

　骨盤の開きを抑えて、後ろの脚を体の中心線から直角に伸ばせると、きれいなラインを保ちやすくなります。

アラベスク改善対策

1. 軸足の位置やバランス
2. 骨盤の位置のコントロール力を上げる
   - 腹圧ONの腹筋を保つ（お腹を縦に伸ばすワーク）▶P16
   - 重心移動ワーク▶P24
   - 肩甲骨と骨盤の連動（前鋸筋ワーク）▶P30
   - 骨盤底筋を活かした体幹トレーニング▶P38
   - 体の内側を動かすインナームーブスキル▶P56
   - バグとりエクササイズ▶P74

3. 体幹の力、腕と背中の連動不足
   - 肩甲骨と骨盤の連動（前鋸筋ワーク）▶P30
   - 体の内側を動かすインナームーブスキル▶P56
   - 腹圧ONの腹筋を保つ（お腹を縦に伸ばすワーク）▶P16
   - 骨盤底筋を活かした体幹トレーニング▶P38

4. 股関節周りの柔軟性と筋力（張る力）不足
   - 肩甲骨と骨盤の連動（前鋸筋ワーク）▶P30
   - 体の内側を動かすインナームーブスキル▶P56
   - 骨盤底筋を活かした体幹トレーニング▶P38

♡アラベスクのコーディネーションをしやすくする方法
   - 体の内側を動かすインナームーブスキル▶P56
   - バグとりエクササイズ▶P74

憧れのパ 3　アチチュード

アチチュードは、動かす脚を軸足に対して開きつつ、膝を曲げた姿勢を指します。上げる脚は前、横、後ろの３方向です。

アチチュードでよくある悩み

✖上げた脚の膝が下がってくる、
　前ももがきつい
✖脚を上げると
　お腹が丸く出てしまう

先生からよく指摘される問題

✖骨盤が横に開いてる！
　（お尻がズレる）
✖膝が曲がってる！
　（軸足が不安定）
✖足先まできれいに伸ばして！
　（足首が硬い、足指を曲げて使ってしまう）

アチチュード・
クロワゼ・ドゥ
ヴァン（前）

🌸 ３つのアチチュードに共通する原因や
気をつけるポイント

①腕を伸ばして使う、上半身をひねるパ（P96）
②アラベスク（P99）

で紹介したものとも共通する部分が多いです。それを押さえていただいた上で、次の２点に気をつけましょう。

Ⅰ. 体のアラインメントはまっすぐ（各パーツの配列）

背骨はまっすぐ、肩と腰は平行に保ちます。また、首と頭は自然な位置に保ちます。保つのが難しい原因の根本は、

✖引き上げ不足　✖アームスで体幹を支えられていない（2）

にあります。無理にズレている部分を直そうとすると、他が崩れます。改善していくポイントは、アラベスクと同様です（P100）。

２. アームスで体幹を支える

　腕を上に伸ばす（アン・オー）のは、軸を中心に集めて、内転筋を使いやすくするためです。

　腕を横に伸ばす（アラスゴンド）のは、ターンアウトで膝を横に向けやすくしたり、脚を横に伸ばしやすくするためです。

「腕まで気を回せない」と思う人もいるかもしれませんが、本来は腕のサポートがあったほうがやりやすいものです。とくに、「脚の付け根や前もものつらさをとって脚を上げる」には、腕で体幹を支えることを取り入れてみてください。

アチチュード・ア
ラスゴンド（横）

アチチュード・
エファセ・デリ
エール（後ろ）

アチチュード改善対策

１. 体のアライメントはまっすぐ

２. アームスで体幹を支える
　・腹圧ＯＮの腹筋を保つ（お腹を縦に伸ばすワーク）▶P16
　・重心移動ワーク▶P24
　・肩甲骨と骨盤の連動（前鋸筋ワーク）▶P30
　・骨盤底筋を活かした体幹トレーニング▶P38
　・体の内側を動かすインナームーブスキル▶P56
　・バグとりエクササイズ▶P74

♡アチチュードのコーディネーションをしやすくする方法
　・体の内側を動かすインナームーブスキル▶P56
　・バグとりエクササイズ▶P74

憧れのパ 4 **プロムナード**

　プロムナードは、片脚を軸にして、もう一方の脚をパッセ（ルティレ）、アラベスク、アチチュードなどに保ったまま、体全体を180度または360度、ゆっくり回転させる動きです。

　言葉で聞くとシンプルな動きに感じますが、バランスとコントロールが非常に求められる技で、多くの練習と精度が必要です。

軸脚を床から離
さずに回ります

例：アラベスクで回りはじめ、アチチュード（後ろ）で終わる

☆アラベスクからスタートしてアチチュードにいくときは、アラ
　ベスクの姿勢からポール・ド・ブラを使ってアチチュードの脚
　に持っていきやすくします。

プロムナードでよくある悩み

✗片脚立ちでグラグラする

✗軸足のターンアウトを保てない

✗かかとで動いていくときに縦に揺れる

✗上げている脚が下がってくる

先生からよく指摘される問題

・アラベスク（P99）やアチチュード（P106）で
　指摘される問題全般

プロムナードに共通する原因や
気をつけるポイント

「アラベスク（P99）」「アチチュード　（P106）」で紹介したものと共通する部分が多いです。

　それを押さえた上で、気をつけたいポイントは、次の2点です。どちらも、上体が安定していることが前提になりますので、「腕を伸ばして使う、上半身をひねるパ（P96）」も参考にしてください。

1. つま先の位置を変えずにかかとだけを小刻みに動かす

　かかとを上げすぎたり、つま先が床から持ち上がったりすると上体が縦に揺れて、ガタガタします。

　かかとを床に下ろすときに前に押し出す感じにできると、回転するエネルギーに使えます。

2. 重心は、ややつま先側に乗せる

　かかとを小刻みに動かすので、重心はやや前にもっていくと、かかとが自由に動きやすいです。

　骨盤や上体が後ろに下がってかかとに体重が乗ると、

・かかとが上がりすぎる

・つま先が床から持ち上がる

　そのため、上体が縦に揺れてガタガタしますし、回転しづらくなります。

○回転をしやすくする方法
　　・肩甲骨と骨盤の連動（前鋸筋ワーク）＋インナームーブスキル（胸椎を回旋する）▶P30＋P62

♡プロムナードのコーディネーション
　（動きの組み合わせ）をしやすくする方法
　　・体の内側を動かすインナームーブスキル▶P56
　　・バグとりエクササイズ▶P74

憧れのパ 5 シェネターン

シェネターンの「シェネ」はフランス語で「チェーン」または「リンク」のこと。

シェネターンは基本的に一連の素早い、低速の連続した半回転で構成されます。ダンサーがまるでチェーンリンクのように舞台を横切って見えます。

**シェネターンで
よくある悩み**

✕目が回る
✕顔をつけられない
✕あまり前に進まない

＊3〜4を繰り返して回転。

3つの気をつけるポイント

1. スポッティングで目が回るのを防ぐ

　スポッティングは、「一点（スポット）を見つめながら体を回転させ、その点が見えなくなったら頭を素早く回し、再び同じスポットを見る」というバレエの回転で不可欠なテクニックの1つです。

🌸 スポットをつける練習(回転系すべてにおすすめ)

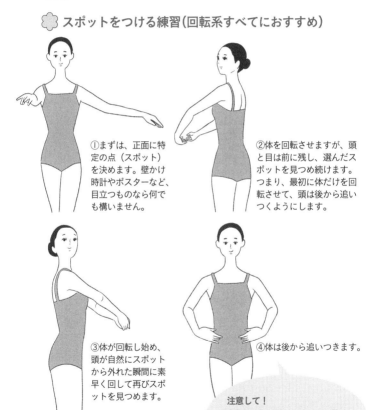

①まずは、正面に特定の点（スポット）を決めます。壁かけ時計やポスターなど、目立つものなら何でも構いません。

②体を回転させますが、頭と目は前に残し、選んだスポットを見つめ続けます。つまり、最初に体だけを回転させて、頭は後から追いつくようにします。

③体が回転し始め、頭が自然にスポットから外れた瞬間に素早く回して再びスポットを見つめます。

④体は後から追いつきます。

①～④をスムーズに行えるようになるまで続けます。

注意して！
全身を一度に回転させないで。目が回ります。最初は、半回転ずつなど、ゆっくりとしたスピードで練習を。

2．体幹の上下を同期させて回転をスムーズにする

バレエの回転、ターンなどで顔をつけられないのは、体幹が弱くて腰と胸の回転がズレるからです。

とくに、腰から下の部分が先に回転を始め、上半身がそれに追いつこうとすると、顔を正面に向けるのが難しくなります。

この動きに直結するのが、以下の2つです。

・腹圧ONの腹筋・胸椎の回旋力

腹筋が抜けていると、みぞおちを境に上下で動きが分断されます。胸椎の動きが硬いと、あばらが開くので腹筋が抜けて骨盤がズレるため体の回転ができません。

腹圧ONで体を絞ることで回転がキレイになります。

また、頭を切り返した際、顔が正面を向かないときは、自分では気づいていないのですが、頭が上や下に傾いていたり、首が緊張して肩（肩甲骨）が上がっていることが多いです。

首を長く保ち、背が伸びるような意識で回ると顔がつけやすくなります。

スキル的に回転をしやすくする方法
　　・スポッティング（前ページ）
　　・体の内側を動かすインナームーブスキル▶P56
　　・バグとりエクササイズ▶P74

フィジカル的に体幹の回転をしやすくする方法
　　・肩甲骨と骨盤の連動（前鋸筋ワーク）＋インナームーブスキル（胸椎を回旋する）▶P30＋P62
　　・体の内側を動かすインナームーブスキル▶P56
　　・腹圧ONの腹筋を保つ（お腹を縦に伸ばすワーク）▶PI6
　　・骨盤底筋を活かした体幹トレーニング▶P38

3．足で床を押す

ターンであまり前に進まない原因は、
　　・体重が後ろの脚から前の脚へと効率的に移動していない
　　・足が床に突き刺せていない（地面にしっかりと立てていない）

ことが多いです。

前に進むために、後ろの脚を強く押し出す必要があります。

この床を押す力で体を持ち上げるのを、プッシュオフ（軸足を軽く床に押し付け、その反作用で体が少し浮く感じ）と言うこともあります。これが弱いと体重移動と引き上げが不足し、移動距離が出ず、回転もしにくくなります。

Skill Up

〇エシャッペで、床を押して体を持ち上げる
　感覚を養おう！

体重移動と引き
上げ力向上！

軸を中心に集め
て床を押す（ジ
ャンプのバネ）
力がアップ

脚を広げてルル
べすることで足
首（距骨）の可
動域、甲を伸ば
す力がアップ

5番プリエ⇔2番ルルベを繰り返す

移動距離を上げる方法　　床を押しやすくする方法
　・重心移動ワーク▶P24　　・肩甲骨と骨盤の連動（前鋸筋ワーク）
　　　　　　　　　　　　　　　＋インナームーブスキル
　　　　　　　　　　　　　　（胸椎を回旋する）
　　　　　　　　　　　　　　▶P30＋P62
　　　　　　　　　　　　・体の内側を動かす
　　　　　　　　　　　　　インナームーブスキル▶P56

憧れのパ **6** ## ランベルセ

ランベルセは、脚が「逆転」するような回転ステップのことです。上体を大きく反らす優雅な動きでとても人気があります。

どんな動きで構成されているか。それを1つずつ理解することが改善の早道です。

ランベルセでよくある悩み

✘ どんな動きなのかがハッキリしていない。手脚の連動が難しく、神経回路がつながりきっていない

次ページから動きを再確認しましょう。省略している動きがあるために、体がうまく使えないケースがあります。

手脚の連動が難しいときの方法
・バグとりエクササイズ▶P74

✘ アームス（腕）がおサボりしている

腕が体幹をサポートすることで、首や上半身の長さが出ます。

腕で体幹を支える方法
・肩甲骨と骨盤の連動（前鋸筋ワーク）▶P30
・体の内側を動かすインナームーブスキル▶P56

✘ 胸椎の回旋不足

背中を大きく反らせるときの曲線がでない他、スパイラル感がでず、ただのアチチュードターンになってしまうことも。上半身の問題だけではなく、胸椎の回旋不足があると、後ろを向いたときに脚がターンアウトしづらくなります。

胸椎を回旋させる方法
・肩甲骨と骨盤の連動（前鋸筋ワーク）＋インナームーブスキル（胸椎を回旋する）▶P30＋P62

ひねる、背中を使う動きなので、
①腕を伸ばして使う、上半身をひねる全般（P96）
②アラベスク（P99）
③アチチュード（P106）の対策も参考にしてください。

＊ロン・デ・ジャンブ・アン・レールを組み合わせた例

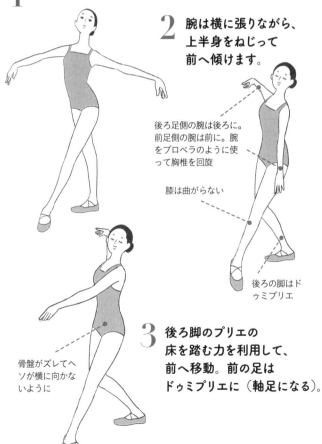

1 前方に脚を伸ばして開始。

2 腕は横に張りながら、
上半身をねじって
前へ傾けます。

後ろ足側の腕は後ろに。
前足側の腕は前に。腕
をプロペラのように使
って胸椎を回旋

膝は曲がらない

後ろの脚はド
ゥミプリエ

3 後ろ脚のプリエの
床を踏む力を利用して、
前へ移動。前の足は
ドゥミプリエに（軸足になる）。

骨盤がズレてヘ
ソが横に向かな
いように

4 前の腕をアン・ナヴァンにして
回転するための軸を安定させます。

5 後ろ足のつま先が
床につくのに合わせて、
後ろの腕を前に。
腕が前に近づくにつれて、
重心を後ろに移します。

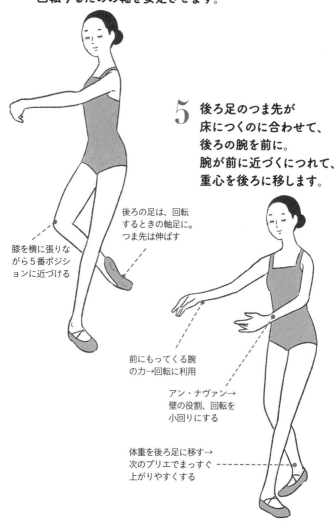

後ろの足は、回転
するときの軸足に。
つま先は伸ばす

膝を横に張りな
がら5番ポジシ
ョンに近づける

前にもってくる腕
の力→回転に利用

アン・ナヴァン→
壁の役割、回転を
小回りにする

体重を後ろ足に移す→
次のプリエでまっすぐ
上がりやすくする

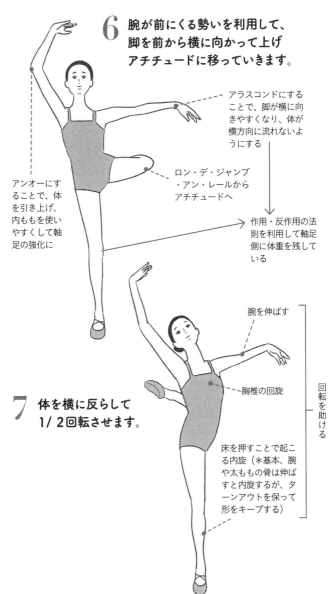

6 腕が前にくる勢いを利用して、脚を前から横に向かって上げアチチュードに移っていきます。

アラスコンドにすることで、脚が横に向きやすくなり、体が横方向に流れないようにする

ロン・デ・ジャンブ・アン・レールからアチチュードへ

アンオーにすることで、体を引き上げ、内ももを使いやすくして軸足の強化に

作用・反作用の法則を利用して軸足側に体重を残している

腕を伸ばす

胸椎の回旋

7 体を横に反らして1/2回転させます。

床を押すことで起こる内旋（＊基本、腕や太ももの骨は伸ばすと内旋するが、ターンアウトを保って形をキープする）

回転を助ける

8 脇をしぼりながら、上げていた脚を下ろす。

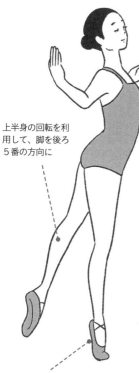

上半身の回転を利用して、脚を後ろ5番の方向に

脇をしぼって回転することで、次の1/2回転するときに脚が床を押す力に利用する

9 1/2回転して下ろした脚で床を押す。

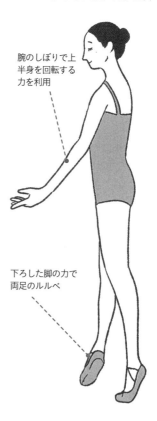

腕のしぼりで上半身を回転する力を利用

下ろした脚の力で両足のルルベ

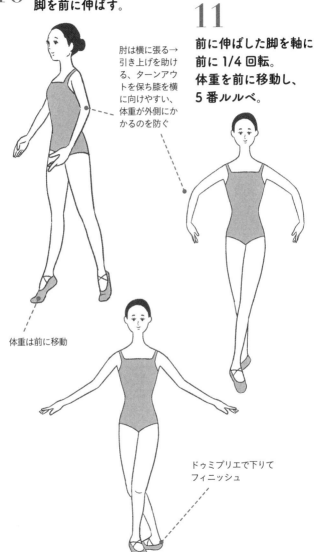

10 1/4回転しつつ、脚を前に伸ばす。

肘は横に張る→
引き上げを助け
る、ターンアウ
トを保ち膝を横
に向けやすい、
体重が外側にか
かるのを防ぐ

体重は前に移動

11

前に伸ばした脚を軸に
前に1/4回転。
体重を前に移動し、
5番ルルベ。

ドゥミプリエで下りて
フィニッシュ

憧れのパ 7 アレグロ

アレグロは、急速なテンポ（素早い動き）で踊る振りつけのことです。「いろいろな動きの組み合わせ」、かつ「スピードが速い」ことから、「動きがグズグズになってしまってうまくいかない」というご相談をよくいただきます。

速い動きを改善する6つのポイント

速い動きで「グズグズになる」理由は、
・タイミングが合わない ・力みが出てしまう ・連続して行うのが難しいといった問題が起きているためです。

これらの問題を改善するための流れは次の6つです。
1）基本動作の再確認　2）動きに必要な筋力を使えるようにする
3）スローテンポで練習する　4）適度な力加減（脱力）
5）フィードバック（先生の注意、動画でチェックなど）
6）反復練習

5）6）については、普段のレッスンでやっていることです。
1）3）4）を同時にやる方法があります。
カウントを4分割（1、2、3、4なら1111、2222、3333、4444でカウントをとる）して、ゆっくりやってみることです。
自分が無意識で省略してしまっている動きが減り、速い動きがスムーズになっていきます。
もし、カウントを4分割できない（移動のタイミングや、振りつけの加減でズレが生じる）場合は、以下の3ステップで改善してみましょう。

ステップ①スロー動画で動きをチェック
どんなに速く動かしたいと思っても、基本の動きがあやふやでは、リズムやタイミングがズレます。
基本動作の確認は、動画（速度が調整できるもの）が最適です。

YouTubeなどで1/4倍速などスローで見ると、速い動きの中では見えなかった動きに気づけます。
✖早く動こうとするとお尻がでてしまう
✖上半身がゆらゆらして優雅さに欠ける、肩が上がる
✖シャープさにかける　✖動きがぎこちない
✖手脚の連動が難しい
などフィジカルな問題が多いなら、ぜひここから試してください。

ステップ②ゆっくりとしたテンポで練習する
　ステップ①を踏まえた上で、ゆっくりとしたテンポで動作を練習します。
✖勢いに任せてそれっぽいが、違う動きをしている
✖（前フリを省略した結果）続けて動くときに、距離・回転・ジャンプの高さが足りなくなる
　これらを防ぐためです。ゆっくり動くと、「全身を使ってバランスを取る」など、足の動きだけではなく、上半身の動きも意識せざるを得ないので、結果的に正しいフォームにつながります。

ステップ③テンポをじょじょに上げる
　遅いスピードで動作と形が正しくできるようになったら、テンポをじょじょに上げていきます。標準速度までできるようになったら、そのスピードで繰り返します。「動きに対する慣れ」「フィジカル的な安定度や省略された部分が減る」ほど、無駄な力が減って、軽やかなステップになります。

　２）のフィジカル面のサポートは、以下を参考にしてください。
ジャンプしてからの体幹コントロールの方法
　・肩甲骨と骨盤の連動（前鋸筋ワーク）＋インナームーブスキル（胸椎を回旋する）▶P30＋P62
　・腹圧ONの腹筋を保つ（お腹を縦に伸ばすワーク）▶P16
　・骨盤底筋を活かした体幹トレーニング▶P38
　・バグとりエクササイズ▶P74

〈アレグロの基礎〉アッサンブレ

アレグロの基礎であるアッサンブレについて解説します。

アッサンブレは「集める」の意味で、脚を空中で集めて両足で着地するジャンプです。足を擦り出す方向は前・横・後ろとあります。脚を引き寄せるタイミングは、空中で早く行う場合と下りながら行う場合があります。

1 左前5番ポジションで立ちます。

2 重心は左足に残しつつ、右足を素早く横に擦り出す。

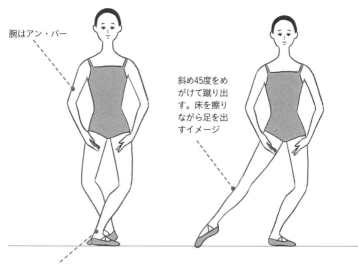

腕はアン・バー

斜め45度をめがけて蹴り出す。床を擦りながら足を出すイメージ

5番ドゥミプリエで床を押し、跳ぶためのエネルギーを溜める

＊移動しないアッサンブレ：横（右）に足を擦り出す例

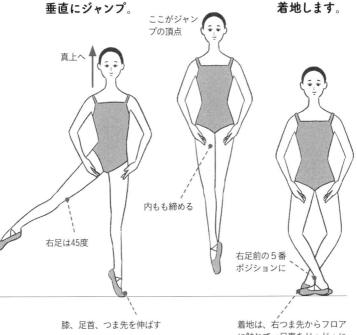

3 擦り出した右足が床を離れたタイミングで、左足で床を蹴って垂直にジャンプ。

4 5番に集めます。

5 脚の前後を入れ替え、5番ポジションのドゥミプリエで着地します。

ここがジャンプの頂点

真上へ

内もも締める

右足は45度

膝、足首、つま先を伸ばす

右足前の5番ポジションに

着地は、右つま先からフロアに触れて→足裏をじょじょに降ろして→かかとをつける

グランジュッテ

グランジュッテ、グランパドゥシャなど、軽やかでダイナミックに跳ぶジャンプは、筋力を含めたパワー、技術、そしてタイミングが合わさった複雑な動きです。

プリエでフロアから跳び上がるエネルギーを溜めて、空中でポーズをし、コントロールを保ったまま降りて着地します。

どこか1か所でも足りない要素があると、そのぶんやりたいことと違ってしまいます。

ジャンプのよくある悩み
✘空中で脚が開かない
✘跳ぶときに骨盤が引けてしまう
✘姿勢が保てない
✘跳んでる姿がダイナミックさに欠ける

ジャンプに共通する原因と3つの改善ポイント

まずは、体を持ち上げる順番を見直してみましょう。

体を持ち上げる順番
①ヘソの高さ→②上半身（頭からヘソ上）→③脚

ジャンプで脚を開けるかは、ジャンプ力の問題と思っているかもしれません。確かに、ある程度の高さはあったほうがいいでしょう。しかし、脚を開けないのは、脚を開く順番がズレているのが最大の原因です。

ジャンプで脚を開くときに体を持ち上げる順番は、
①ヘソの高さ→②上半身（頭からヘソ上）→③足
でいくとやりやすいです。

なぜなら、おへその下（身長の約半分強の高さ）は、全身の重

心が合わさった部分。ここが上がると体全体が持ち上がります。

次に、上半身（ヘソから上）を持ち上げると、上半身がまっすぐのまま上がりやすくなります。

そして、体幹が持ち上がるぶんだけ股関節が動かせるスペースができ、そこから脚を上げると、開いたりクロスしたりという動きがしやすくなります。

跳びながら開くよりは、跳んで"から"開くようにするとやりやすくなります。

○ジャンプで体を持ち上げる順番

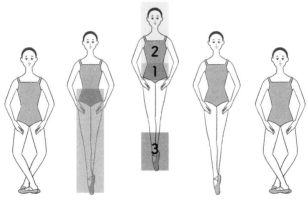

プリエでエネルギーを貯める

足と脚全体で床を押す

空中に体を持ち上げる順番

つま先からフロアに降りる

ドゥミプリエで着地（膝はつま先の真上で曲げる）

イメージしにくい方は、「跳び箱」を飛ぶときのことを思い出してみてください。

「ジャンプで腰を持ち上げ→腕を使って体幹を持ち上げ→脚を開いて跳ぶ」

これを同時にやっています。

バーを支えに、その感覚を試してみるとよい練習になります。跳ぶときに上半身をまっすぐ保っていれば、跳び箱のように前に突っ込んでいきませんのでご安心ください。

高いジャンプを跳びたい 〜グランジュッテ編

　まず、ジャンプが高く見える仕組みについて簡単な図にまとめました。これはグランジュッテというジャンプです。グランジュッテは、片脚をまっすぐ前に振り上げ、もう片方の脚で踏みきって跳ぶ動き。 空中で脚を大きく開いた後、前脚に着地します。次ページ③のイラストの下にある矢印に注目してください。

・実際に跳んでいるぶんはピンクの矢印
・舞台から見たときに跳んで見えるぶんは黒い矢印

　このようにジャンプが高く見えるかどうかは、ジャンプしたときの高さ以上に「頂点のタイミングで脚が前後に開ける量」で決まります。
　深いプリエで重心の移動が十分にできている、かつ垂直に跳べている前提があれば、
・前後開脚のストレッチ
・バーレッスンで、前後のグランバットマン
・バーレッスンで、ロン・デ・ジャンブ・アン・レール（脚で空中に半円を描く）
　など、「脚を前後に開く力」を鍛える積み重ねで、高く見えるようになります。

パントマイムのように前腕（手首から肘）を使って空気を押さえるようにすると、体幹が支えやすい

足が床から離れたときに、手の甲側の先導で手首や肘を持ち上げると（腕を軽く振り上げる感じ）、上半身の引き上げがスムーズ。空中で脚を開く時間を稼げる

1. ジャンプの高さと着地のコントロールを決めるプリエ

そもそものジャンプの高さがないなら、グランプリエを見直しましょう。たとえば、プリエのときにお尻が出るクセがあると、跳ぶときに骨盤が後ろに引けてしまう原因になります。

プリエのパワーが上がって筋力が増すほど、高さが上がり、滞空時間が長くなるので空中でのコントロールに活きてきます。

プリエで床を押す力を上げる方法
・体の内側を動かすインナームーブスキル▶P56
・肩甲骨と骨盤の連動（前鋸筋ワーク）＋インナームーブスキル（胸椎を回旋する）▶P30＋P62

2. 上体の安定と滞空時間を稼ぐのはアームス（腕の動き）

「腕（アームス）」は、跳んでから脚を開く際に活躍しています。
・体が空中にある間は持ち上げた状態をキープする
・着地のプリエで衝撃を吸収する体の引き上げを保つ

ジャンプしてからの体幹のコントロール方法
・肩甲骨と骨盤の連動（前鋸筋ワーク）インナームーブスキル（胸椎を回旋する）▶P30＋P62
・腹圧ONの腹筋を保つ（お腹を縦に伸ばすワーク）▶P16
・骨盤底筋を活かした体幹トレーニング▶P38
・バグとりエクササイズ▶P74

島田智史（しまだ さとし）

東京都港区三田にある鍼灸院「専心良治」院長。 整形外科で3年勤務後、2010年治療院開院。 開院後に施術した人数は約28,334人（2023年まで）。 バレエに有効な体の使い方、調整に定評がある。 訪れるクライアントは、日本全国のみならず海外からも及ぶ。著書に『バレエ整体ハンドブック』『バレエ筋肉ハンドブック』『バーレッスンハンドブック』（すべて東洋出版） などがある。

専心良治 住所　東京都港区三田 5-6-8 ナカムラビル 3階
ホームページ　https://www.senshinryochi.com/
ブログ「バレエダンサーさんの治療院」　https://balletdancersenshin.net/
YouTubeチャンネル　https://www.youtube.com/@senshinryochis

Ballet Core

ブレない体で、しなやかに美しくキレのある踊りになる！

バレエ体幹ハンドブック

発行日　　2024年3月25日　第1刷　発行

著者　　　**島田智史**

編集　　　林美穂
デザイン　中山詳子
イラスト　関根美有

発行者　　田辺修三
発行所　　東洋出版株式会社
　　　　　〒112-0014 東京都文京区関口1-23-6
　　　　　電話 03-5261-1004（代）　振替 00110-2-175030
　　　　　http://www.toyo-shuppan.com/
担当　　　秋元麻希

印刷　　　日本ハイコム株式会社（担当：前田武彦）
製本　　　ダンクセキ株式会社